本著作受中央高校基本科研业务费专项资金资助项目北京林业大学科技创新计划“新时代高校基层党组织共建模式研究与实践”（2019MJ08）和教育部人文社会科学研究专项任务项目“培养时代新人视觉下校园文化在大学生思想政治教育中的作用研究”（20JDSZ3010）资助。

新时代高校基层党支部共建创新理论与实践

主　编｜李成茂
副主编｜邓雪琪　秦佳明　刘　静

人民日报出版社
北　京

图书在版编目（CIP）数据

新时代高校基层党支部共建创新理论与实践 / 李成茂主编 . —北京：人民日报出版社，2021. 1

ISBN 978-7-5115-6876-2

Ⅰ. ①新… Ⅱ. ①李… Ⅲ. ①中国共产党—高等学校—党支部—党的建设—研究 Ⅳ. ①D267. 6

中国版本图书馆 CIP 数据核字（2020）第 266830 号

书　　名：新时代高校基层党支部共建创新理论与实践
XINSHIDAI GAOXIAO JICENG DANGZHIBU GONGJIAN CHUANGXIN LILUN YU SHIJIAN
编　　者： 李成茂

出 版 人： 刘华新
责任编辑： 林　薇　王奕帆
封面设计： 中联华文

出版发行： 人民日报出版社
社　　址： 北京金台西路 2 号
邮政编码： 100733
发行热线：（010）65369509　65369512　65363531　65363528
邮购热线：（010）65369530　65363527
编辑热线：（010）65369526
网　　址： www. peopledailypress. com
经　　销： 新华书店
印　　刷： 三河市华东印刷有限公司
法律顾问： 北京科宇律师事务所　010-83622312

开　　本： 710mm×1000mm　1/16
字　　数： 230 千字
印　　张： 16. 5
版次印次： 2021 年 1 月第 1 版　　2021 年 1 月第 1 次印刷

书　　号： ISBN 978-7-5115-6876-2
定　　价： 95. 00 元

序　言

党的十九大报告提出了新时代党的建设总要求，首次提出“不断提高党的建设质量”，体现了习近平总书记管党治党新思想，反映了党的建设实践探索和理论探索新进展，确立了新时代党的建设新目标。习近平总书记深刻指出，我国高等教育发展方向要同我国发展的现实目标和未来方向紧密联系在一起，为人民服务，为中国共产党治国理政服务，为巩固和发展中国特色社会主义制度服务，为改革开放和社会主义现代化建设服务。《中国共产党普通高等学校基层组织工作条例》明确，高等学校的党组织要全面贯彻执行党的基本路线和教育方针，坚持教育必须为社会主义现代化建设服务，为人民服务，必须与生产劳动和社会实践相结合，培养德智体美全面发展的中国特色社会主义事业合格建设者和可靠接班人。《国家中长期教育改革和发展规划纲要（2010－2020年）》指出，高校要牢固树立主动为社会服务的意识，全方位开展服务，推进产学研用结合，加快科技成果转化。党支部共建正成为新时期高校党建工作的理论增长点和实践创新点，成为高校基层党组织应对挑战、整合资源、促进发展的重要途径。在落实全国教育大会和全国高校思想政治工作会议精神中，无论是发挥高等教育五大职能，还是高校师生服务人民、社会实践、了解社情、开展劳动教育，都需要搭建高校与其它社会机构合作的载体，优势互补、统筹资源、共同发展。在这些合作载体中，更多的体现在共建活动上，而党组织的共建，是其它一切共建活动的龙头和牵引，为其它共建活动提供政治保障和思想指导。

当前，对于高校基层党组织建设的研究，更多聚焦于通过思想建设、组织建设、作风建设、制度建设和党风廉政建设提升基层党组织的质量，对于党建共建的研究有所提及，但全面性、系统性和深度不够。在关于高校基层党组织共建活动方面的相关文献中，大部分研究仍聚焦理论层次，对于可推广性强的共建模式和方法的研究较少。

本书以新时代高校基层党组织共建模式研究与实践为题，在习近平新时代中国特色社会主义思想的指导下，围绕新时代对高等教育以及高等院校基层党建工作的要求，研究高校基层党组织共建的现状，通过基础理论研究和实践案例探索相结合的方式，对高校基层党组织的共建活动开展系统、全面、深入的研究，以迎接新时代创新性开展高校基层党组织党建工作的挑战。

本书共分为三个部分。第一部分为“形势与政策”，主要通过梳理政策文件等信息，阐明新时代高校基层党支部建设工作的相关概念，并详细论述共建之于高校基层党支部建设与发展的意义；第二部分为“理论与实务”，主要通过基础理论研究和实践案例探索相结合的方式，对高校基层党支部共建的类型与模式进行归类梳理，构建系列共建模式，并对共建的各种模式现状进行分析；第三部分为“问题与展望”，主要通过对前两部分，特别是对第二部分“理论与实务”中梳理的高校基层党支部共建的成功模式与问题及其根源进行系统阐述，分析高校基层党支部共建存在的问题及对策，并从宏观角度对高校基层党支部共建进行展望与思考。

第二部分“理论与实务”为全书的重点内容。在这一部分中，以高校基层党组织共建为研究对象，结合实践推动，梳理出院地、院企、院院、院村、师生、院与其它社会机构，以及党支部为共建主体的多种共建模式，梳理出每种模式的要素构成、运行机制、实现途径，并对每种模式总结提炼出1－2个成功案例，以便进行复制推广，使之更具实践意义。在所选案例中，作为全国最高绿色学府，北京林业大学的基层党组织共建案例可以为高校基层党支部共建提供更多有益的思考，尤其是以作者所在单位的基层党组织共建工作为例，从亲历者的角度更全面、深入地分析共建的模式，具有较强的实践性和针对性。

高校办学功能的发挥，党的建设是关键。高校基层党组织由一线教师党员和学生党员组成，高校落实立德树人根本任务，教师是主导，学生是主体。因此，由教师和学生党员组成的高校基层党支部在高校立德树人中发挥着先锋性战斗堡垒作用。研究新形势下高校基层党组织共建工作，对于推动高校全面落实立德树人根本任务和发挥高校职能具有重要意义和现实指导作用。

总之，本书的研究内容具有一定的学术价值和现实指导意义，能够为党建工作者，特别是为高校基层党组织共建工作实施者提供参考。相信在新时代的起点上，高校基层党组织共建会成为新时期高校党建工作的理论增长点和实践创新点，成为高校基层党组织应对挑战、整合资源、促进发展的重要途径，不断提高党的建设质量，把党建设成为坚强有力朝气蓬勃的马克思主义执政党。

孙信丽

北京林业大学党委副书记

目　录
CONTENTS

第一章　高校基层党支部概论

2018年9月10日，习近平总书记在全国教育大会上强调，加强党对教育工作的全面领导，是办好教育的根本保证。2019年1月11日，在十九届中央纪委三次全会上，习近平总书记强调，要以党的政治建设为统领全面推进党的建设，取得全面从严治党更大战略性成果。我国高校是党领导下的高校，是中国特色社会主义高校，肩负着为党育人、为国育才的重大职责使命，高校党的建设在整个党的建设中具有特殊地位和作用。新时代高校党的建设要坚持以习近平新时代中国特色社会主义思想为指导，深入贯彻新时代党的建设总要求，加强党对高校的全面领导，使高校成为坚持党的领导的坚强阵地。高校党的建设要健全高校党委领导下的校长负责制，强化党委领导核心作用，切实履行管党治党、办学治校主体责任；要加快构建学校党委、院系党组织、基层党支部、党员“四位一体”的组织体系，形成党的领导纵到底、横到边、全覆盖的工作格局。高校基层党组织作为学校党的工作和战斗力的基础，关系学科建设、人才培养、师资队伍、科学研究、社会服务等各项事业发展。面对新形势、新挑战，坚持和加强党对高校工作的全面领导，有效激发高校基层党组织新的活力，是高校迈入新时代、实现新发展的坚强保障。各地高校坚持把基层党组织尤其是基层党支部作为党的建设的重中之重，多措并举，不断推进政治建设、思想建设、组织建设、作风建设和纪律建设，绝大部分基层党支部坚强有力，在教学、科研、管理等各项工作中的作用发挥良好，但也存在着一些问题，如部分党支部组织设置不够合理、制度不健全、创新能力与意识不足、组织建设缺乏活力、活动实效性不强、党员先锋模范作用发挥不突出等问题。应对新形势下的问题和困难，高校各级党组织必须从政治建设的高度审视基层党支部工作，对标新时代党支部建设的新要求，深入研究思考并指导实践，不断增强高校基层党支部的组织力，有效激发高校基层党支部的活力，落实全面从严治党要求，培养德智体美劳全面发展的社会主义建设者和接班人。

一、高校基层党支部的性质和功能

新时代，高校必须适应新形势、新任务、新要求，紧紧围绕培养担当民族复兴大任的时代新人，落实立德树人根本任务，通过开展党建工作，加强师生思想政治教育，发挥党员先锋模范作用，提高高校基层党支部工作的实效性和创新性。

（一）党支部的性质

在党的建设中，作为党的最基本、最基层组织的党支部占有特殊的重要位置。2018 年，中共中央印发的《中国共产党支部工作条例（试行）》指出，“党支部是党的基础组织，是党的全部工作和战斗力的基础”。

在党的组织系统中，党的基层组织是指在企业、农村、机关、学校、科研院所、街道社区、社会组织、人民解放军连队和其他基层单位的党组织，包括基层党委、总支部和党支部。党支部处在最基层，是党的组织基础，是把党员组织起来必不可少的一种组织形式。正是这样一种最基层的组织形式，为党的坚强有力提供了组织保障，才有党的团结统一。党支部是党联系群众的桥梁和纽带，是从政治上、思想上团结、凝聚广大群众的核心，是贯彻落实党的路线、方针、政策的决定性力量，同时，党支部也是对党员进行教育管理的最基本单位。加强党的自身建设，加强党员队伍的教育和管理，维护党的纪律，教育党员严格履行党员义务，都需要党支部这一党的基层组织去落实。①

（二）高校基层党支部的性质

在高校党的组织系统中，基层党支部是指学校职能部门、直属单位、院（系）下属的学生党支部和教职工党支部，以及学校下属其他类型基层单位的党支部。总的来说，高校基层党支部是党在高校中的组织基础，是把高校学生党员、教职工党员组织起来必不可少的一种组织形式，是高校中的战斗堡垒，是确保党的路线方针政策和决策部署贯彻落实的基础和党在高校中的全部工作和战斗力的基础。高校基层党支部是高校党组织联系师生的桥梁和纽带，是从政治上思想上团结、凝聚广大群众的核心，是高等学校贯彻落实党的路线、方针、政策的决定性力量，同时也是对高校师生党员进行教育管理的最基本单位。在高校党委领导下的基层党支部担负着党在高校直接联系群众、引导群众、组织群众、团结群众，把党的路线、方针、政策落实到基层的重要职责。

---

① 党支部的性质是什么？［EB/OL］.（2012－06－12）. http：//fuwu. 12371. cn/2012/06/04/ARTI1338792334960436. shtml.

高校基层党支部作为党的多种类型的基层组织当中的一种，具有基层党支部的一般共性，也具有高等学校在教育教学、科学研究、人才培养等主责主业方面的自身特点和独特优势。探索研究高校基层党支部工作的特点和规律，必须从这两个切入点出发，深刻把握高校基层党支部的性质和特点，有针对性地开展相关工作。

（三）高校基层党支部的功能

党的十九大报告指出，党的基层组织是确保党的路线方针政策和决策部署贯彻落实的基础。要以提升组织力为重点，突出政治功能，把企业、农村、机关、学校、科研院所、街道社区、社会组织等基层党组织建设成为宣传党的主张、贯彻党的决定、领导基层治理、团结动员群众、推动改革发展的坚强战斗堡垒。通常认为，高校基层党支部要发挥以下功能：

1. 积极宣传党的主张。党的主张代表广大人民最根本的利益，是民主集中制和党的纪律的重要体现。同时，党政军民学，东西南北中，党是领导一切的。牢牢掌握党对高校的领导权，要求高校党支部积极宣传党的主张，将党中央的重要领导方针渗透到高校广大党员和师生心中，使他们知党、爱党、为党。随着高校对社会发展进步所起的作用越来越大，高校中的党员数量迅速增多，这就决定了高校党支部的地位和作用越来越重要。思想教育上，党员只有通过积极宣传党的主张，才能不断学习，不断提高思想觉悟。

2. 认真贯彻党的决定。党的决定属于集体智慧的结晶，代表着党的意志。高校党支部要增强政治意识，坚决贯彻党中央决策部署和上级的决议决定，不能是浮于表面的“形式主义”，否则将弱化高校党支部的政治功能。首先是学习党的各项政策方针、理解好党的决定；在贯彻党的决定中加强过程管理，适时修订贯彻措施，及时纠偏，打造自身特色鲜明、亮点突出的贯彻措施和方法。因此，要切实将党的决议决定扎实落实在高校与基层之中，不断夯实党的执政根基，杜绝形式主义、官僚主义，切实履行主体责任，以钉钉子的精神狠抓落实。

3. 培养造就优秀人才。2018 年 7 月 3 日，习近平在全国组织工作会议上的讲话指出，要加强支部标准化、规范化建设。基层党组织要在贯彻落实中发挥领导作用，强化政治引领，发挥党的群众工作优势和党员先锋模范作用，引领基层各类组织自觉贯彻党的主张，确保基层治理正确方向。

完善内部治理结构，健全现代大学制度，关键在党。高校党支部是党的基层组织，肩负责任，具备优势，只有成为坚强堡垒，才能担负起基层治理的繁重任务，才能更好地坚持和完善党委领导下的校长负责制。党建工作在完善组织建设方面需要从宏观角度和微观角度双重审视，形成与高校自身发展相适应的组织建设理念。高校党支部是高校党的基层组织，基层治理实质是为高校培养高素质人才提供重要的组织保障，是党的教育事业中的中坚力量。如果高校党支部软弱无力，必然影响其他各级各类组织，导致各方面工作在一定程度上失去秩序。没有一个坚强的组织体系，高校就不能顺利完成培养造就人才的重要任务，而在这个组织体系中，基层党支部是核心，是纽带，在基层起着统领和协调全局的作用。

4. 团结动员广大师生。高校基层党支部是对高校党员进行思想教育、管理、监督和服务的重要阵地。如果高校基层党支部软弱无力，基层党员的思想状况就会出现混乱，行为也会随之涣散。其日常学习工作就会出现缺乏团结统一、步调不一致的情况，遇到重大活动、紧急情况还会出现更多问题。

人的思想决定人的行为，党员的思想决定党员的行为，高校基层党支部的建设水平对党员的思想觉悟水平有极大的影响。高校是知识文化的殿堂，而且也是思想发展的最前沿。高校党建工作的重要意义就在于能够把高素质的人群统一起来，形成具有正能量的组织架构。团结动员群众，是党章赋予党支部的职责，也是党支部践行党的宗旨的必然要求。高校中的教师和学生都需要党建工作作为奋斗方向的指南针。要把高校基层师生团结动员起来，凝聚强大的智慧和力量，朝着既定的办学目标努力奋斗，推动高校教育的进一步发展。

5. 推进高校整体改革发展。推动改革发展主要包括推进高校基层治理发展、推进高校各项事业发展，以及推进高校整体改革发展，使高校党支部更好地围绕中心工作抓好自身建设，以自身建设促进基层教学科研育人工作改革发展。高等教育是党的事业的重要组成部分，新时代高校要更好地完成培养造就人才的重要任务，就必须努力做到与时俱进、不断创新。没有高校的创新实践，就没有更强大、更丰富的社会创新实践，整体上的社会创新实践就难以取得进步。强有力的创新实践要求高校教师努力解放思想，既要与党的路线、方针、政策保持高度一致，又要在事物的发展内容和方式方法上有明显的突破，从而推进社会的发展进步。要实现这一点，同样离不开党支部的改革发展，不但在思想上对党员进行勇于创新的鼓励，还要在行动上对党员进行勇于创新的支持和保护。

二、新时代高校基层党支部的重点任务

《中国共产党支部工作条例（试行）》规定了党支部的八项基本任务，同时还规定了不同领域的党支部要结合实际，分别承担各自不同的

重点任务。其中，高校中的党支部要承担，保证监督党的教育方针贯彻落实，巩固马克思主义在高校意识形态领域的指导地位，加强思想政治引领，筑牢学生理想信念根基，落实立德树人根本任务，保证教学科研管理各项任务完成的重点任务。

（一）保证监督党的教育方针贯彻落实

保证监督党的教育方针贯彻落实，是高校中的党支部承担的首要重点任务。党的教育方针能否在高校日常工作和各项任务中贯彻落实，直接关系着党对高校的领导掌控水平，关系着党对高校能否实现全面领导、领导是否坚强有力。

高校基层党支部保证监督党的教育方针贯彻落实，要根据职能定位发挥好领导作用，在所在部门、组织中实现党组织的政治领导、思想领导、组织领导，不断增强党的政治领导力、思想引领力、群众组织力，确保高校基层党支部的旺盛生命力和强大战斗力。要深入学习党的教育方针，认真学习领会习近平总书记关于教育的重要论述，在学习、工作、生活中贯彻落实。注重对照监督高校各方面工作中存在的问题和不足，对能力范围内的要带头承担、研究改进，对自身力量不足以解决的要严格依照组织程序向上级党组织汇报。对偏离、违背党的教育方针的行为要坚决制止、坚决斗争，始终保证高校各方面事业在党的领导下进行、按党指引的方向前进。

（二）巩固马克思主义在高校意识形态领域的指导地位

马克思主义在高校意识形态领域是否占据巩固的指导地位，是党组织对高校能否有效领导的一个重要标志。习近平指出：“意识形态工作是党的一项极端重要的工作，是为国家立心、为民族立魂的工作。”①而教育事业作为为党育人、为国育才的事业，事关党和国家各项事业的成败兴衰。可以说教育事业特别是高等学校始终是意识形态领域斗争的重要阵地，不能有丝毫的妥协退让。

高校基层党支部巩固马克思主义在高校意识形态领域的指导地位，要加强对高校师生的马克思主义理论学习教育，让高校党支部成为学习研究马克思主义理论的重要阵地，为高校师生的学习工作提供科学理论的指引，为高校师生的人生发展提供正确思想的武装。要根据所属部门组织的不同类型和党员群众的结构组成，开展适合自身情况的工作与活动，促进马克思主义理论在党员群众中入脑入心。注重基层党支部的政治建设和思想建设，“注意区分政治原则问题、思想认识问题、学术观点问题，坚决防范和清除各种错误政治思潮对学校的侵蚀”②，坚决防范原则性、颠覆性错误的发生。

（三）加强思想政治引领

党的领导的主要形式即是政治领导、思想领导、组织领导。高校中的各级党组织的存在和发挥作用自身就是党实现组织领导的形式和体现，而思想和政治方面的引领则是党组织实现有效领导的重要保证。

抓住用党的创新理论团结、教育、引导高校师生，就抓住了高校党组织思想政治引领的核心要义。高校基层党支部要注重在学习中提升师生党员群众的理论素养和思想素质，党员师生要带头学习党的理论和大政方针，要加强同党外师生的沟通联系，及时了解他们的思想动态，加

---

① 中共中央宣传部．习近平新时代中国特色社会主义思想学习纲要［M］．北京：学习出版社、人民出版社，2019：160.

② 王炳林．党对教育事业全面领导的科学内涵和基本路径［J］．马克思主义理论学科研究，2020，6（05）：29－36.

强引导；面向所在群体发挥好党员的带头作用、凝聚作用，保证高校师生在任何时候都能听党话、跟党走。

（四）筑牢学生理想信念根基

理想信念是人的精神世界的核心，是人精神上的“钙”。理想信念作为一种精神力量，能够转化为人的物质力量，为个人的学习、工作、生活和民族国家的发展兴盛起到积极的促进作用。筑牢学生理想信念根基，是高校基层党支部特别是学生党支部必须肩负的重要使命。

马克思主义是党和人民事业不断发展的参天大树之根本，是党和人民不断奋进的万里长河之泉源。高校学生党支部必须切实发挥作用，在学生的学习、工作、生活全过程中强化理想信念教育，在实践中树立马克思主义的科学信仰、树立共产主义远大理想和中国特色社会主义共同理想。具体来说，就是促进学生学习和掌握马克思主义的立场、观点、方法，确立正确的世界观和历史观，准确把握时代发展潮流，以科学的理想信念指引人生前进的道路和方向。

（五）落实立德树人根本任务

我国的高校是党领导下的高校、是中国特色社会主义高校，承担着“立德树人”的根本任务，肩负着为党育人、为国育才的重大职责使命，集中承担着课程教学、人才培养和科学研究的多重职能。因此，高等院校党的建设在整个党的建设中具有特殊地位和作用。习近平总书记为加强高校党建指明了方向：“加强党对高校的领导，加强和改进高校党的建设，是办好中国特色社会主义大学的根本保证。”① 作为高等院

① 王顺洪．新论：用高质量党建引领一流高校建设［N］．人民日报，2019－07－09（05）．

校中的战斗堡垒，高校党支部开展支部共建，加强支部建设，能为“立德”坚定正确的政治方向，培养政治合格的高素质人才；为“树人”提供资源、途径和渠道，保障和促进高等院校的教学、科研等人才培养工作。

思想政治工作是提高高校学生党建工作效果的十分重要的内容，各级党组织应该将思想政治工作当作完成立德树人根本任务的重要抓手。各级党组织要通过组织担任新生班主任、大学生导师、走进大学生课堂、走访学生宿舍等举措，加强与大学生的交流，将党的教育方针和培养目标传达给学生，帮助他们树立正确的成才观、择业观。高校学生党建工作任重而道远。只有立足当下，客观理性分析，夯实育人根基，扎实做好高校学生党建工作，才能为中国特色社会主义伟大事业培养出合格建设者和接班人。

（六）保证教学科研管理各项任务完成

教学科研管理是高等学校各方面业务工作的主要部分，其他各方面工作多从属或服务于这三个方面。保证教学科研管理各项任务完成，是高等学校党组织特别是基层党支部的重点任务和重要使命。在不同的任务中，不同类型、不同身份组成的基层党组织发挥着不同的作用。

在教学方面，教工党支部是主导，在教学工作中要发挥好政治引领、思想引导、服务保障、监督辅助等作用。学生党支部是主体，在学生学习中发挥好先锋模范、榜样引领、服务保障、沟通桥梁等作用。后勤服务党支部、离退休党支部等其他类型党支部是重要辅助力量，通过做好自身定位职责的工作服务、保障、促进教学工作的开展。

在科研方面，高校基层党支部，特别是以青年教师党员、硕博研究生党员为主体的基层党支部要根据自身情况发挥好主体性作用，为他们顺利开展科研工作保障良好的环境和氛围，切实将党的建设优势转化为开展业务工作的优势，以实际行动支持和保障科研工作。同时，有条件的党组织可以探索在已有的“高校党委—学院党委（党总支）—基层党支部”纵向组织体系基础上，提升党组织横向的协同整合，探索将“党支部设在科研团队、实验室等层面，并充分发挥党支部在学科建设，尤其是学科人才梯队中的引领作用”。

在管理方面，高校基层党支部要做好自身的党员党务管理工作，并以此支持和带动学校、院系部门和基层办公室、班集体的管理工作同步发展、共同提升。特别是要做好重点人、重点事的管理工作，例如毕业生、交换生、出国留学学生、访问学者教师中的流动党员管理工作，疫情防控、生活垃圾分类、人口普查等重点工作。

在各方面工作中，高校基层党支部都应当深入研究适合自身开展工作、完成重点任务的路径与方式，积极探索高校基层党支部对建设工作对学校各方面工作发挥的作用及影响意义，使之与教学、科研、管理、服务等组织有机结合，切实提升高校基层党支部的建设水平，提升学校各项工作的整体效能。

第二章　新时代高校基层党支部建设概论

党的十九大报告指出："经过长期努力，中国特色社会主义进入了新时代，这是我国发展新的历史方位。""党支部要担负好直接教育党员、管理党员、监督党员和组织群众、宣传群众、凝聚群众、服务群众的职责，引导广大党员发挥先锋模范作用。"但是，随着高校面向市场依法自主办学的加速转变，高校办学的竞争日益激烈，这对于实力相对较弱、优势不明显的高校来说，已处于不进则退、不强即衰的严峻局面。在新的时期，我们应该怎样通过与时俱进地确立正确的办学理念、人才培养目标和发展规划，将党的路线方针政策落实到改革发展之中；应该怎样在追求办学效益、谋求事业发展的过程中，正确认识改革发展中的各种关系和矛盾，处理好学校和师生员工的眼前利益与长远利益、个人利益与集体利益及他人利益的关系等，都是推动高校基层党支部建设和思想政治工作必须回答和解决的新课题。

一、新时代高校基层党支部建设的主要职责

《中国共产党普通高等学校基层组织工作条例》对高等学校党的委

员会、院（系）级单位党组织、教职工党的支部委员会和大学生党的支部委员会的主要职责都做出了明确规定，强调高等学校院（系）级单位党组织担负加强党组织的思想建设、组织建设、作风建设、制度建设和反腐倡廉建设任务，并具体指导党支部开展工作。党的十八大通过的党章修正案根据党的建设实践发展，在党的建设总体要求中增写了整体推进党的思想建设、组织建设、作风建设、反腐倡廉建设、制度建设“五位一体”党的建设新布局。党的十九大通过的党章修正案从中国特色社会主义新时代这一时代背景和党的十八大以来的实践经验出发，突出了党的政治建设的统领地位和作用，增加了党的纪律建设内容，将反腐倡廉建设调整融入到思想建设、作风建设、纪律建设和反腐败斗争之中，把制度建设贯穿新的五大建设之中。党章中的相关内容为指导各级各类党组织特别是基层党支部加强和改进党的建设工作、深化对党的建设的规律性认识具有重要指导作用，为全面推进党的建设新的伟大工程提供了根本遵循。

根据党的章程、有关条例的规定和要求，高等院校基层党支部在党的建设工作方面具有以下职责：

（一）加强高校基层党支部的政治建设

旗帜鲜明讲政治是马克思主义政党的根本要求。党的政治建设是党的根本性建设，决定党的建设方向和效果。高等院校基层党支部要坚定执行党的政治路线，严格遵守政治纪律和政治规矩，带领师生党员在政治立场、政治方向、政治原则、政治道路上同党中央保持高度一致。要带头尊崇党章，严格执行新形势下党内政治生活若干准则，增强支部党员在党内政治生活中的政治性、时代性、原则性、战斗性，自觉抵制各类不良行为、风气、文化对党内生活和高校教学科研秩序的侵蚀，在支部、院系、高校内外为营造风清气正的良好政治生态发挥作用。要加强对支部党员的党性锻炼，不断提高高校师生党员的政治觉悟和政治能力，把对党忠诚、为党分忧、为党尽职、为民造福作为根本政治担当，永葆共产党人政治本色。

（二）加强高校基层党支部的思想建设

思想建设是党的基础性建设。坚持以科学理论引领、用科学理论武装，是我们党永葆先进性、纯洁性的根本保证。高等院校基层党支部要把坚定理想信念作为党的思想建设的首要任务，教育引导高校师生党员树立共产主义远大理想和中国特色社会主义共同理想，巩固师生党员的精神支柱和政治灵魂，挺起师生党员的精神脊梁，自觉做共产主义远大理想和中国特色社会主义共同理想的坚定信仰者和忠实实践者。在高校范围内带头学习贯彻党和国家的指导思想和行动指南，深入学习领会习近平新时代中国特色社会主义思想，用党的创新理论武装全党、指导实践、推动工作，弘扬马克思主义优良学风。常态化开展“两学一做”学习教育活动，扎实巩固“不忘初心、牢记使命”主题教育活动成果，推动高校师生党员更加自觉地为实现新时代党的历史使命不懈奋斗。

（三）加强高校基层党支部的组织建设

高校基层党支部是高校中的战斗堡垒，是确保党的路线方针政策和决策部署贯彻落实的基础和党在高校中的全部工作和战斗力的基础。要以提升组织力为重点，突出政治功能，把高校基层党支部建设成为宣传党的主张、贯彻党的决定、领导基层治理、团结动员群众、推动改革发展的坚强战斗堡垒。高校基层党支部要担负好直接教育党员、管理党员、监督党员和组织群众、宣传群众、凝聚群众、服务群众的职责，引导师生党员发挥先锋模范作用。

要贯彻落实“三会一课”制度，推进高校基层党支部设置和活动方式创新，实现高校基层党组织“横到边，纵到底，全覆盖”，着力解决党组织在教学、科研、管理、服务中的弱化、虚化、边缘化问题。按照党章党规扩大党内基层民主，有序推进党务公开。畅通参与党内事务、提出意见建议和进行监督的渠道。注重从在校学生、教师和职工中的先进分子、学生组织骨干、在教学、管理、服务一线工作中的教师和职工中发展党员。

（四）加强高校基层党支部的作风建设

加强作风建设，必须紧紧围绕保持党同人民群众的血肉联系，增强群众观念和群众感情，不断厚植党执政的群众基础。党风问题、党同人民群众联系问题是关系党生死存亡的问题。

针对高等院校基层党支部来说，就是必须保持党支部和党员与广大师生的联系，在学习研究等校园生活的各方面中增强师生观念和师生情感，在社会实践中扎根祖国大地、深入人民群众。凡是师生反映强烈的问题都要严肃认真对待，凡是损害师生利益的行为都要坚决纠正，切实增强学生党支部在广大学生当中、教职工党支部在广大教职工当中的群众基础。力戒形式主义和官僚主义，督促党员学生、党员教师、党员科研工作者形成求真务实、埋头苦干的学风、教风、作风，不浮躁、不浮夸，追求实实在在的学习成绩和工作业绩，以艰苦奋斗的工作作风和勤俭节约的个人作风带动班风、院风、校风向善向上。坚持开展批评和自我批评，坚持惩前毖后、治病救人的原则，发扬钉钉子精神，打赢作风建设持久战，锻造合格党员，培育优秀党员。

（五）加强高校基层党支部的纪律建设

正风必先肃纪。加强纪律建设是全面从严治党的治本之策。党要管党、从严治党，就是靠严明的纪律。没有铁的纪律，就没有党的团结统一，党的凝聚力和战斗力就会大大削弱，党的领导能力和执政能力就会大大削弱。高等院校基层党支部加强纪律建设，要坚持巩固拓展落实中央八项规定精神成果，大力整治“四风”问题，坚决反对高等学校中存在的和可能存在的各种特权思想和特权现象。首要严明政治纪律，重点强化政治纪律和组织纪律，带动廉洁纪律、群众纪律、工作纪律、生活纪律严起来。要加强纪律教育，提高纪律自觉。心中无党，行动必然无党；心中无纪律，行动必然无纪律。要注重从日常学习、工作、生活中渗透纪律教育，保证师生党员严守党纪国法、遵守校规校纪，形成纪律意识，在学习、教学、科研、工作和生活中时刻接受约束和监督。

（六）把制度建设贯穿高校基层党支部党的建设全过程

制度问题带有根本性、全局性、稳定性、长期性，加强制度建设是全面从严治党的重要保障，是全面从严治党的长远之策、根本之策。高等院校基层党支部要将制度建设贯穿于支部党的各项建设之中，让权力在阳光下运行，把权力关进制度的笼子。要把握制度建设正确方向，以党章为根本依据，在各项工作中切实体现党的意志主张；依照党内法规制度开展基层党组织工作，形成内容科学、程序严密、配套完备、运行有效的基层党组织工作规章制度；要以改革创新精神解决高校基层党支部面临的突出问题、促进法规制度的完善、优化；抓好党内法规制度在高校基层党支部的落实，确保广大师生党员形成尊崇制度、遵守制度、捍卫制度的良好习惯，真正使党的制度成为硬约束。

二、新时代高校基层党支部建设现状

本固邦宁，重在基层；党建之兴，重在基础。党支部是党组织开展工作的基本单元，高校党支部是教育、管理、监督和服务教师党员的基本单位，是把党的路线、方针、政策落实到高校基层的战斗堡垒。但是，我们在抓住新时代高校基层党支部发展机遇的同时，必须清楚地认识到新时代高校党支部建设中还存在一系列问题和挑战，外部国际环境不容乐观，未停止“和平演变”的图谋，并且西方政客对于中国的“污名化”时有发生；国内也存在多方面的挑战，高校党支部建设自身组织管理不到位，党员主体思想仍需加强，高校党支部实践活动实效性不强等。因此，需要我们抓好时代契机，处理好高校党支部建设过程中的问题与矛盾。

（一）新时代高校基层党支部建设面临的新形势

高校党支部是落实党的教育方针的战斗堡垒，一直以来，高校各级党组织均高度重视并切实加强党支部的建设，高校基层党支部建设工作迎来发展的时代新机遇，政治功能不断扩大，党员的先锋模范作用和党支部的战斗堡垒作用有效发挥。但仍有很多基层党支部存在政治功能不强、思想建设不足、组织功能弱化等薄弱环节，影响着高校党支部党建工作的更深层次发展。随着国内外各方面环境的变化，当前高校基层党支部建设面临着过去从未有过的新形势。开展和研究高校基层党建工作，应当对面临的新形势形成充分的认识，明确高校基层党支部建设的机遇与挑战，不断提升高校基层党建工作的科学性、针对性。为了不断提升党支部建设的整体质量，我国各大高校应全面了解党支部的建设现状，针对其中存在的诸多问题进行深入探究，并提出合理的解决策略，以便促进高校的持续性建设与发展。

第一，国际环境影响。经济全球化使得世界各国的经济合作不断加强，由此带来政治多极化和文化多样化，全球一体化进程不断加快，也势必会影响教育尤其是高校教育的发展。在此期间，合作办学成为一种新潮流，我国高校原有的主流文化、办学理念、人才标准和人才培养模式也将受到西方的冲击和挑战。此外，西方敌对势力往往打着交往与合作的口号对我国实施“西化”“分化”的政治图谋，造成意识形态领域渗透与反渗透的斗争十分复杂。在文化多样化的潮流中，意识形态的渗透逐渐倾向于文化手段，在电影、电视剧等文化产业中融入西方文化和价值观念，从而使得思想尚未完全成熟的大学生群体产生思想困惑，怀疑我们党的思想，动摇对社会主义的信心。因此，在西方经济、政治、文化等的影响下，高校的党建工作开展，尤其是思想政治工作的实施及其实效性都受到极大影响和威胁。

第二，国内环境影响。1978 年十一届三中全会，我国实行改革开放政策，对内加快社会主义市场经济的发展，对外拓宽开放的大门，使中国与世界相互联系、相互影响不断加深，思想文化越来越多样化，人们的价值观念、生活方式也随之发生着深刻的变化。“科教兴国”战略的确立，促使国内教育迅速发展，与此同时，必然也会增加高校师生对外的交流和接触。由相对封闭走向全方位、多角度的开放，这一过程需要高校逐渐适应社会的转变和发展节奏，在这大过程中出现问题和挑战是不可避免的，也是不可不重视的。

进入新时代，广大师生的思想状况呈现许多新特征，对做好高校思想政治工作提出了新考验。互联网的广泛普及与师生思想活跃的特点相互交织，现实世界与虚拟空间相互重叠，如何用好新媒体，传播正能量，成为思想政治工作的突出问题；随着教育开放和交流合作的深入发展，学校和社会相互作用，国内和国外相互影响，面对“没有围墙的校园”，如何在多样社会思潮中强化主流思想引领，在个性发展需求中强化共同理想信念教育，也成为思想政治工作不容回避的问题。

（二）新时代高校基层党支部建设面临的机遇

一是具有更加科学有力的指导思想。党的十八大以来，我们党带领全国人民取得了改革开放和社会主义现代化建设的历史性巨大成就，解决了许多长期想解决而没有解决的难题，办成了许多过去想办而没有办成的大事，使中国特色社会主义伟大实践跨进伟大的新时代。新的时代必然孕育新的思想，也必然需要新的思想来指导。习近平新时代中国特色社会主义思想正是在新时代的背景下应运而生。新时代为高校各级党组织带来了在新情况、新形势、新挑战下做好党建工作的新课题，也为他们学习与运用习近平新时代中国特色社会主义思想、提高治理水平和业务能力、更好地落实党对高校提出的任务提供了更广阔的实践空间。在新时代背景下，在马克思主义中国化最新成果的科学指引下，高校各级各类党组织特别是基层党支部在提高党的建设科学化水平、推进党的建设新的伟大工程方面必将大有可为，也必将大有作为。

二是具有高水平、高素质的人才队伍。高等学校作为承担教育教学、科学研究、人才培养等重要职能的载体，是一种知识密集型、科技密集型的单位，聚集着大量教师、科研人员和不同学段的青年学子。这是高等学校自身具有的特点，也是其开展党建工作的巨大优势。进入21世纪以来，在历届党中央和各级党政机关领导干部的关心支持下，在科教兴国战略的推动下，我国的教育事业取得了长足的发展。进入新时代，教育事业发展取得的成果已经很大程度显现，高等学校在校学生的科学文化水平、综合素质稳步提升，新招收的教师、工作人员和科研人员的学历学位、知识背景、综合素养逐年提升。习近平总书记指出，“办好中国的事情，关键在党，关键在人，关键在人才”。在新时代背景下，高等学校所具有的高水平、高素质的人才队伍是高校党建工作和其他各项工作的巨大优势，也是教育事业为决胜全面建成小康社会、夺取新时代中国特色社会主义伟大胜利提供坚强保证。随着高校基层党建工作的推进、提升，高校党员队伍必将不断地发展壮大，进而提高战斗力，推动高校党建工作向更高目标迈进。

三是社会数字化、信息化程度空前提升。世界正在进入以信息产业为主导的经济发展时期，数字化、网络化、智能化融合发展程度大大提升。在此背景下，即时通讯工具、视频和短视频平台、社交网络应用等新媒体高速发展并深刻改变着人民群众的生产、生活方方面面。借助人工智能、大数据、“互联网 +”等技术的发展，社会的整体风貌和各个事业、行业、产业也在发生着深刻变革。各地高校也随之开始将新媒体、新技术、新媒介运用于高校党建工作之中。

借助于社会数字化、信息化的发展，高校师生党员能够通过新媒体途径深度参与在线学习、实践活动，并创造性地对所获得的信息进行反馈，这符合新时代高校学生的个性需求，对于提升的党组织在师生学习、工作、生活中的存在感和活跃性、对提升学生党员参与党支部工作与活动的积极性具有重要促进作用。对于高校基层党建工作来说，借助数字化、信息化技术开展基层党支部建设工作，首先是在网络空间中占据信息和意识形态领域的阵地，将党组织的覆盖范围从现实世界拓展到网络空间，扩大党建工作覆盖面。同时既能够提升工作效率，大幅提升开展工作的便利性，又能够提升党建工作的灵活性、便利性、准确性、针对性，降低党建工作受时间、空间等因素的制约程度，提升党的建设工作科学化、科技化水平。

四是抗击疫情极大坚定“四个自信”。在抗击疫情的中西方对比当中，伟大的中国共产党和英雄的中国人民经过艰苦奋战，取得了抗击疫情总体战、阻击战的伟大胜利。而西方国家在面对疫情时所表现出的政治上的秩序混乱、治理失控，医疗上的防疫失效、科学失声，让全党和全国人民对西方的政治体制和社会治理能力产生了全新的认识，并对中国特色社会主义制度的优势、道路的光明、理论的科学和文化的内涵有了更新、更直观、更深刻的认识。经此对比，党和人民对中国特色社会主义道路自信、理论自信、制度自信、文化自信极大提升。

从思想引领到志愿服务，从一线突击到后勤保障，从助教助研到结对帮扶，高校基层党支部作为教育系统党组织的重要组成部分，在抗击疫情的伟大实践中发挥了重要作用。在抗击疫情取得胜利、持续实行常态化疫情防控的背景下，开展党建工作要充分结合这一背景和现状，在抗击疫情的实践中检验党员、锻炼党员、教育党员，让党旗在疫情防控一线高高飘扬。在实际工作中服务群众、团结群众、争取群众，让党和人民群众的血肉联系更加紧密。在学习贯彻伟大抗疫精神的过程中做好党性教育、理想信念教育，让党支部成为党在高校中的战斗堡垒，让党员成为高校师生中的先锋模范，让群众师生中的先进分子成为党组织的一员，让广大师生团结在党组织的周围，使高校党建工作取得最大成效。

（三）新时代高校基层党支部建设面临的挑战

1. 整体政治功能有待提升。党支部政治地位不突出，党员作用发挥不明显。部分高校对于党支部在工作中的政治引领作用重视不够，存在应付思想，对于意识形态领域不够重视。以思政课为例，目前，高校将思政课作为必修课程，但是我们也清楚地看到部分高校思政课实效性的发挥仍需加强，大学生的到课率和抬头率是难点，另外，党支部的教育作用往往被行政指令代替，没有把党支部工作很好地融入高校整体工作中，党支部的政治地位不突出。部分教师党员未能正确对待行政工作、教学工作和党建工作，重业务轻党建的思想存在，在各项工作中没有行使好自己的权利，党员的先锋模范作用发挥不明显。

2. 新形势下高校党支部思想建设不足。新阶段对高校党支部的建设提出了新的挑战。党支部工作中职责任务分工不明确成了当前环境下制约党支部不断发展建设的因素。在日常工作责任划分中支部成员不能找准自己的分工定位，存在责任重叠或责任缺失现象分工的冲突也使得党支部内的各项工作并不能得到完整的贯彻和落实，党支部中的教师团队有时并未能将行政工作与党建工作做一个很好的区分和划分。人才的流动也使得支部的各项分工与建设被迫停滞。部分党支部党员缺少思想建设，难以充分发挥政治核心作用。①

新媒体的价值多元性冲击传统的指导思想一元化。高校是人才的聚集地。在当今高速发展的时代，教师作为人才队伍的一部分，除了个人能力急速增强，个人意识也表现出一定的个性化和自主性。“知识经济”的背后看似是知识与技术的竞争，其实是复杂的意识形态斗争。作为人才后备力量的高校大学生，他们在思想上的特点越来越趋向于主动性、积极性，他们越来越难接受传统的类似于填鸭式的理论灌输式的教育模式。面对高校教师和大学生个性化的表现，需要我们立足新时

① 许芝铖．浅析高校基层党支部发展现状［J］．课程教育研究，2017（28）：252.

代，迎接高校学生党建工作的挑战。① 以互联网为主导的现代信息技术应用，不仅极大地改变了我们的物质生活条件，也在深刻地影响着我们的精神世界，高校师生的世界观和价值观也随之发生深刻的变革。在这种情况下，大学生作为当今社会中最活跃的群体，互联网已经成为他们工作、学习、生活不可缺少的一部分，网络的快速发展，在给高校学生带来丰富的知识的同时，不可避免地会带来世界上不同思想、各种文化、各种宗教的快速传播，这种传播无形之中给高校学生党建工作带来了一系列的挑战。②

3. 新形势下高校基层党支部组织力弱化。当前高校基层党支部的组织设置中，教职工党支部的建立一般是以专业学科教研室为单位，大多数专业学科教研室教师党员人数基本都能满足 3 人以上、50 人以下的要求，因此都成立了党支部。但是有些因院系整合、专业调整和机构改革等不符合设立条件的党支部，并没有及时进行调整。另外，有些机关教辅部门教职工党员人数不足 3 人的，也大多是将所有零散党员混编起来成立一个大的党支部，这样的设置没有与教职工的实际工作相结合，支部间成员的联系较少，支部发挥先锋作用有限。③

高校的党建工作开展实效主要是看教师和学生党员的发展情况。许多高校在组织设置方面采用按年级、班级“横向”设置党支部。一般来说，本科生党员从入校递交入党申请书到转正，一般要在大三学年，也就是学生党员主要集中在高年级，大四面临实习与毕业，多数情况有

① 邹刚．新时代背景下的高校学生党建工作［J］．沈阳大学学报（社会科学版），2018，20（04）：452 - 455、463.

② 韩露，刘玉芝．当前党建工作存在的问题及对策［J］．哈尔滨市委党校学报，2000（02）：34 - 35.

③ 白冰．高校党支部规范化建设实践研究［J］．科教文汇（上旬刊），2020（01）：21 - 22.

半年甚至更多时间不在学校，既存在组织关系的转离使高校学生党员整体的流动性很大，也存在实习期间对支部工作心有余而力不足的问题。此外，大四毕业生党员组织关系离校，那么整个大四年级党支部党员数量急剧下降，甚至成为“空壳”党支部。在选派高校基层党支部的领导骨干时，部分党支部书记和支部委员选任程序不够规范，对党员的民主推优、工作考核等比较粗放随意，对师生党员的教育管理不到位，对党员领导干部的监督不够严格、问责力度不强等。目前，存在高校基层党支部建设“两张皮”现象，教师党支部存在重教学科研、轻党务工作的现象，科研与党建两者没有实现很好结合，使得一些高校教师党支部的党建工作被边缘化，不能发挥党建工作引领、支撑、服务其他工作的作用。当前提升高校党支部组织力形势紧迫，只有以提升组织力为重点，建立健全制度措施，才能从根本上解决这些问题，抓好组织力建设，就是紧抓凝聚党支部的各种力量。

4. 党支部基本制度不健全，执行不到位。首先，高校基层党支部组织制度相对不健全。建立健全组织制度是新时代高校基层党支部所有作用发挥的根本保障，高校中心工作的开展都需要以提升其组织力为基点，依托高校各学院和学科，凝聚支部所有力量，才能真正发挥战斗堡垒作用。不同于以往的旧环境，新时代高校党支部处在全新的视野和环境中，其自身建设面临着新情况新问题。

一是制度不健全，且缺乏实效性、持续性。总体工作缺少章法、制度建设不足。或者工作没有突出重心，蜻蜓点水，不深入研究、实践；或者随意性强，工作缺乏规划性章法，找不到党务工作与高校教育教学之间的结合点，从而导致党支部建设无序、混乱、低效。

二是执行不到位。长效制度建设比较薄弱。一些党支部表面上看也在忙忙碌碌地工作，也做了不少工作，但基本上都是碎片化的、低效的，很多时候都是走走形式，搞搞花样，应付了事。这样的党支部都没有深刻理解党的建设必须在建立长效制度上下功夫，才能在思想上立得稳，在行动上走得远，否则做再多工作，都只能是昙花一现。

5. 党员发展教育管理不规范。高校发展党员不规范问题主要体现在“政治把关”不到位、入党申请书表述不准确、有的入党介绍人（入党联系人）履职不到位、支部大会和基层党委审核把关不严等问题；毕业生党员组织关系隶属不清，转接工作管理缺位，不时出现失联党员；党员积分制落实针对性和实效性不够，管理“一刀切”对党员的教育管理监督不完善，部分党员理想信念模糊、政治信念迷茫、党性观念和组织纪律意识淡薄，对党的理论知识素养不足；流动党员管理没有形成科学化长效化治理机制，造成部分党员不思进取，学习和生活的自觉自律意识较差，甚至还违反校规校纪，不能发挥党员的先锋模范作用，一定程度上破坏党在大学生群体中的良好形象。

高校发展党员在一定程度上看重成绩而非党性修养。部分高校仿佛存在一种潜在的规定，学习成绩优异的人优先考虑推荐，虽不应该打击学习的积极性，但着实需要考虑合理性。成绩优异的学生是否真的具备一个党员应有的高素质、高觉悟却不得而知。纵观当前各大高校基层党支部组织，学生党员绝大多数都是 90、00 后，他们已经成为高校党支部建设的主角。然而，他们部分认为党建工作过于抽象化，因此参与党建工作的积极性并不高。而教师党员，承担着沉重的教研任务，过于关注科研以及教学业务等，有的对学习过程较为敷衍，影响党建工作的开展。① 一味地发展党员数量成了共性问题。当各党支部反思自己所吸纳的人员时，又有多少党支部能保证自己吸纳的人达到了共产党对于党员

---

① 李志强．我国高校党支部建设的现状及对策研究［J］．经贸实践，2018（17）：239.

的要求？有的党支部发展党员思想教育在这一阶段确实被忽视了。①

6. 党支部活动实效性不强，吸引力不足。组织建设缺乏活力与创新。随着“双带头人”工程的推进，高校教师党支部书记普遍由教学科研骨干担任，他们本身承担了大量业务工作，导致部分党支部书记抓党支部建设的精力不足，在机械式地完成上级交代的工作后，很少能够对于高校党支部组织建设方面进行创新性的思考和实践。

（1）对党建工作认识不清。部分高校基层党支部活动存在“党味”不够浓、“鲜味”不够足，以及一些官僚主义、形式主义的问题，党支部组织的相关活动未能有效融入高校中心工作、融入党员工作学习需求和融入师生群众关切的问题。有的党支部为了应付上级党组织的督查调研，业务工作虽然及时开展，却忽视了党务工作的正常有序进行；甚至在党组织活动台账上临时补充记录，凭空想象一些活动来蒙混过关。

（2）开展的党建活动质量不高。部分党员对党支部组织生活重视不足，参与积极性低，对于创新其内容和形式更是漠不关心，导致高校党支部的组织生活形式照搬照抄、千篇一律，缺乏活动吸引力。有的党支部组织生活管理无序，随意性大，也有部分教职工党支部对待组织生活不认真严肃，对党员自身缺乏规范，批评与自我批评成为形式化的流程，浮于表面不深入，存在一定的平淡化、庸俗化和娱乐化倾向，严重削弱了党支部组织生活的质量和效果。

（3）党支部工作缺乏创新性。部分高校基层党支部组织建设活动内容贫乏、形式单一，缺乏凝聚力和号召力，支部工作缺乏热情与活力。部分党支部发挥党的领导力、与其他工作融会贯通方面作用薄弱。部分高校基层党支部日常思想政治教育手段、方法单一。

---

① 许芝铖．浅析高校基层党支部发展现状［J］．课程教育研究，2017（28）：252.

三、新时代对高校基层党支部工作的新要求

《中国共产党普通高等学校基层组织工作条例》规定，高等学校要坚持育人为本、德育为先，把立德树人作为根本任务，充分发挥课堂教学的主渠道作用，努力拓展新形势下大学生思想政治教育的有效途径，形成全员育人、全过程育人、全方位育人的良好氛围和工作机制。因此，我们对于高校基层党支部建设的认知主要分为：一是把党的政治建设放在首位；二是提升组织力是实现党组织政治功能的根本要求，协调处理制度建设、组织建设等各项建设，做好培养党员和服务群众的基本工作。

（一）新时代高校基层党支部建设必须把政治建设放在首位

党的十九大报告指出，党的政治建设是党的根本性建设，决定党的建设方向和效果。高校基层党支部建设要牢牢把握正确的政治方向，把政治功能融入到高校基层党支部的各项工作中。把政治建设放在首位，高校基层党支部要严格做到以下四点：第一，坚决维护以习近平同志为核心的党中央权威和集中统一领导。第二，坚定支部党员特别是党员领导干部的理想信念。第三，不折不扣贯彻落实以习近平同志为核心的党中央作出的决策部署。第四，在支部范围内营造风清气正的良好政治生态。

在此基础上，要始终将学习贯彻习近平新时代中国特色社会主义思想作为首要政治任务。高校基层党支部既要发挥主体作用，推进支部成员将习近平新时代中国特色社会主义思想入脑、入心，又要认真落实、积极配合上级党组织和相关职能部门做好有关工作，在推进习近平新时

代中国特色社会主义思想进教材、进课堂、进头脑的工作中切实发挥作用。

（二）新时代高校基层党支部建设必须高度重视思想建设

思想建设是党的基础性建设，为其他各方面建设奠定思想基础。在相当长的一段时期里，思想建设在党的建设工作全局中处于首要地位。高校的教师担负逐年、逐批次地为全国各地、各行业培养高素质人才的任务；高校的学生是社会主义的建设者和接班人，是社会主义建设事业的主力军。不论是教师、学生还是高校其他工作人员，高校所属人员的思想政治素质不仅决定高校自身建设水平的高低优劣，而且关乎各行各业人才队伍的政治素养和综合素质，关乎党和国家伟大事业的兴衰成败。因此，高校基层党支部必须高度重视思想建设，强化支部党员的马克思主义理论武装，对支部党员进行党的基本知识、基本理论、基本路线、基本方略的教育，保持党员队伍的先进性、纯洁性，从而带动提升高校教师队伍、学生队伍整体的先进性、纯洁性。

（三）新时代高校基层党支部建设必须加强组织建设

党的组织建设是党的建设主要内容之一，是党组织作用发挥、优势体现的重要保证。高校基层党支部加强组织建设，要从党的干部队伍建设、党员队伍建设和民主集中制建设三方面入手。

加强干部队伍建设，要充分认识到党员领导干部、教师党员干部和学生党员干部等不同队伍的差异性和特殊性，采取针对性的手段将各个队伍都建设成铁一般的队伍。同样，要切实采取行动建设好学生党员队伍、教师党员队伍以巩固党的组织、保持党员队伍的先锋队性质。严格实行民主集中制，在高校各个层面建立起党的完整而严密的组织系统，把全体党员和党的各个组织组成统一的整体。具体行动上，需要注重规范和创新党支部的编排、改进和提升高校基层党支部的功能。实行科学的领导制度和工作制度，制定正确的路线、方针和政策，从而实现并保证党对高校各方面事业的有效领导。

（四）新时代高校基层党支部建设必须充分发挥高素质人才队伍优势

作为聚集着大量教师、科研人员和青年学生等高素质人才和科技工作者的机构，高等学校基层党组织在人才集聚方面具有巨大优势。进入21世纪以来，在历届党中央和各级党政机关领导干部的关心支持下，在科教兴国战略的推动下，我国的教育事业取得了长足的发展。进入新时代，教育事业发展取得的成果已经很大程度显现，高等学校在校学生的科学文化水平、综合素质稳步提升，新招收的教师、工作人员和科研人员的学历学位、知识背景、综合素养逐年提升。

习近平总书记指出，“办好中国的事情，关键在党，关键在人，关键在人才”。在新时代背景下，高等学校所具有的高水平、高素质的人才队伍是高校党建工作和其他各项工作的巨大优势，也是教育事业为决胜全面建成小康社会、夺取新时代中国特色社会主义伟大胜利提供坚强保证。随着高校基层党建工作的推进、提升，高校党员队伍必将不断地发展壮大，进而提高战斗力，推动高校党建工作向更高目标迈进。

（五）新时代高校基层党支部建设必须加强党员管理

新时代，高校党员管理要适应高校党员动态变化特点，适应信息化发展需要，切实做好党员组织关系转接、党员信息库维护、党费收缴使用、不合格党员处理、毕业生党员跟踪联系服务、困难党员帮扶等日常管理工作，推动党员管理向科学化、精细化方向发展。要规范档案材料的管理，档案管理由专人负责；入党申请书、入党积极分子培养教育考察登记簿等资料齐全、信息无误；党员发展和转正各类档案材料填写规范、及时归档等。

（1）严格发展党员的程序。按照“控制总量、优化结构、提高质量、发挥作用”的总要求，始终把政治标准放在首位，对于在党组织中表现突出的积极分子，优先列入发展对象之中；重视在新生入学期间开展系统的党史教育，做到党团衔接教育无缝化，将发展党员的关口前移，体现党组织的动员力和感召力。

（2）加强对广大党员的培训。严把党员发展质量关，要把对广大党员的思想培训与高校的业务人才培养工作紧密结合起来；要切实做好领导干部的培养推荐工作，重视在优秀青年教师中发展党员，从基层党支部的角度，把那些责任心强、业务过硬、在群众中享有较高威信的党员，推荐到领导岗位或其他重要岗位上；要把党务培养与业务培训结合起来，努力提高广大党员的政治素养、理论素养、文化层次以及知识水平。

（六）新时代高校基层党支部建设必须健全考核机制

“党委组织部门应当经常对党支部建设情况进行分析研判，加强分类指导和督促检查”。坚持问题导向，注重过程动态管理，健全相应考核机制。

（1）落细落小，全面达标创建。党支部规范化建设考核，要对标对表，实现精细化管理。不宜将党支部规范化建设考核验收内容量化为百分制，实行“某个支部达到90分或者85分就算考核验收过关”的模式。而要按照党支部规范化建设要求，条条都要达标验收，不能有一项工作存在漏洞和短板。

（2）从严从实，优化考核方式。在党支部规范化建设考核验收上，要看支委班子对达标创建的要求清不清楚，看支部的党员对支部规范化建设的意见，看本单位师生员工的反馈，看有没有形式主义和弄虚作假的问题，看党支部规范化建设是否围绕着高校中心工作来开展，党支部是否充分发挥战斗堡垒作用，是否将“学”“做”紧密结合，是否得到广大师生员工的认同。实践证明：只有建立健全党支部规范化建设质量评估体系，执行科学化规范化的考核验收机制，才能真正把每一个党支部都锻铸成为广大党员、群众的主心骨。

（3）建立科学有效的工作运行机制。要在学校党委领导下，建立起一整套科学有效的党支部工作运行机制。通过一体化工作，为实现党政的共同目标而负责、而努力；探索建立围绕党的建设、教育教学、科研生产、管理服务的任务机制，通过设定科学的目标、标准及评估体系，圆满完成既定的工作任务；探索建立党务政工队伍领导及工作人员交流机制，通过校内交流与校际交流、部门交流与地方交流、下级与上级交流等多种交流方式，激活广大党员的创新发展活力。

新时代下有新使命和新要求，党支部对于规范党员的重要性越发凸显。新时代，高校开展“不忘初心、牢记使命”主题教育，根本任务是深入学习贯彻习近平新时代中国特色社会主义思想，紧紧围绕为党育人、为国育才，落实立德树人任务，办好人民满意的教育。新时代高校党支部的使命主要分为规范化建设和标准化建设，主要包括健全组织架构，加强党员队伍管理、强化党性修养，完善制度管理和体制机制等。通过分析新时期高校基层党支部工作中存在的问题和实际需要，理清加强高校基层党支部工作的思路方法，得出的首要举措是加强基层党支部的政治功能建设，要将其作为一项长期的重点任务，作为基层党支部的重要的保障，在此过程中不断完善高校党支部的党建工作。作为高校的基层党组织，每一个党支部都要增强新时代使命感，践行新时代工作新要求，让所有党员凝聚成实现中国梦的强大先锋力量，为实现中华民族伟大复兴发挥关键作用。

第三章 共建为高校基层党支部建设提供新动力

党支部共建是指两个或多个党支部联合开展各项活动，共同学习、共享各项资源、互相之间取长补短的一种新的支部建设模式。党支部共建的目的在于“双赢”，高校党支部共建，通过共建双方反复沟通和协商，在党支部内部达成共识，并与对方党支部达成共识、形成互利，是提高高校党建工作效能的有效途径，双方党支部互相促进、共同提高，这也是党支部共建取得成功和得以持续的关键所在。

一、党支部共建的发展历程与现状

党支部共建由来已久，党明确了支部这一组织形式以来，支部通过共建互相促进、提升这一形式就逐步形成并取得良好成效。当前的世界处于百年未有之大变局，当今的中国也处在飞速发展的时代之中，高校基层党组织面对不断发展的社会的客观社会现实，亟须不断改进工作方式和活动方式，不断巩固和扩大党在高校的基层组织覆盖面，党支部共建正是应对社会发展与高校建设的有力举措之一。目前，高校党建工作大多是纵向组织管理模式，组织纪律性强，可以对党员起到很好的管理和教育效果；但也容易造成党员主体性不强、党内生活缺乏互动、党组织的服务性难以体现等问题。①

（一）党支部建设的发展历程

高度重视并强调党支部的地位和作用，既是马克思主义政党建设的突出特点，也是中国共产党的一大优良传统和政治优势。中国共产党成立以来，虽然党支部战斗堡垒作用的本质特征不变，但是在不同的历史时期，其具体内涵却有不同的表现形式。

建党之初，党的基层组织的称谓并不叫“支部”，而叫“组”“小组”。党的二大党章规定：各组组织为“训练党员及党员活动之基本单位”。1925 年 1 月，党的四大第一次将党的基层组织由党的“小组”改为党的“支部”。强调支部的工作“不能仅限于教育党员，吸收党员”，而且要时常利用机会“去宣传工人群众，促成他们阶级的自觉”。第一次在党章中将支部单独列为一章是在党的五大上，并对支部的职责和任务做出了新的规定，强调“支部是党与群众直接发生关系的组织”，并提出了支部的 6 项任务。

土地革命战争时期，党提出了“支部建在连上”的原则。由于连队是部队战斗力的基础，是部队执行各项任务的基本单位，所以，把支部建在连上，密切联系群众，保证了“党的军队”的人民性。“支部建在连上”这一组织形式是党的建设理论的创新发展，为军队建设，为革命、建设、改革发展奠定了组织基础。

抗日战争时期，党正式提出了支部的战斗堡垒作用。1939 年，陈云指出，“支部不但要在组织形式上具有核心的堡垒的姿势，而且要在

---

① 李萍，万年青．创“强基”新模式支部共建促发展［J］．学校党建与思想教育，2011(13)：36－37.

实质上真正能起核心的堡垒的作用”。刘少奇在党的七大修改党章的报告中提出，在工厂、矿山、农村、企业、街道、机关和学校中成立的党的组织，要成为党在这个工厂、矿山、机关和学校等群众中的“战斗的堡垒”。党的七大党章对其内涵做了总结和概括，明确了支部的 4 项任务。

中华人民共和国成立后，随着新民主主义革命的胜利和生产建设的全面展开，党员在我国各项建设中的作用日益显现。1956 年，党的八大党章规定了包括支部在内的基层党组织的 8 项任务。其中，既对之前党的七大党章中有关支部的 4 项任务予以基本保留，又适应社会主义建设提出了新要求和新挑战，对其任务予以增加。1977 年，党的十一大首次在党章中提出“党的基层组织要发挥战斗堡垒作用”。同时，党章还具体规定了包括支部在内的基层党组织的 6 项基本任务。

改革开放以来，党的十二大党章提出，“党的基层组织是党在社会基层组织中的战斗堡垒”。同时，在党章中还明确了基层党组织的 8 项基本任务，在党的八大党章的基础上，凸显了改革开放和“以经济建设为中心”对基层党组织提出的新要求。党的十四大党章提出，“党的基层组织是党在社会基层组织中的战斗堡垒，是党的全部工作和战斗力的基础”。这些内容在之后党的十五大党章中基本得以延续。党的十六大明确提出“围绕中心、服务大局、拓宽领域、强化功能”这一基层党组织建设的十六字方针。党的十七大报告强调，“充分发挥基层党组织推动发展、服务群众、凝聚人心、促进和谐的作用”。这赋予了包括党支部在内的基层党组织战斗堡垒作用新的内涵，并把“对党员进行教育、管理和监督”修改为“对党员进行教育、管理、监督和服务”。党的十七届四中全会提出，包括党支部在内的基层党组织是“落实党的路线方针政策和各项工作任务的战斗堡垒”。

新时代以来，党的十八大明确提出了加强基层服务型党组织建设的重大任务。党的十八届五中全会通过的《中共中央关于制定国民经济和社会发展第十三个五年规划的建议》中指出："强化基层党组织整体功能，发挥战斗堡垒作用和党员先锋模范作用。"十九大报告强调在全面从严治党的新形势下，基层党建工作要坚持严实标准，提高基层党组织建设质量，把基层党组织锻造得更加坚强有力。基层党组织的工作开展方式直接影响到党的凝聚力、影响力和战斗力。党支部共建活动既可以充分调动双方积极性，拓展参与实践、深入基层的机会和平台，提高党员素质与组织生活质量；又能从外部引进资源，借鉴吸收党建经验，开阔视野，探索党建创新模式。

（二）党支部共建的发展现状

1. 党支部共建的成效

一是共建为支部建设提供新形式。遵循一般习惯和组织传统，高校基层党支部通常按照"支部建在班上"、"支部建在办公室上"的传统，学生以院系、年级、班级等为单位组建党支部，教师、行政后勤人员按照教研室、科室等为单位组建党支部。不同党支部之间难以主动发生交流，其相互之间的互动多数依靠上级党组织的组织、安排。这种与行政归属高度一致的党组织设置原则在发挥着便于管理、团结集体等优势的同时，并不利于不同党组织之间主动、自发的沟通、交流与合作。共建这一形式的产生和普及，为高校基层党支部与高校内外各类不同类型的党组织建立联系、发生互动提供了便捷的渠道、广阔的空间，为支部党的建设提供了更多可供选择的新形式。

当今社会是一个高度开放的社会，学生党员的接触面更广、思想也更为活跃，支部开展的活动不再是仅仅停留在完成上级的任务上，而是在完成上级任务的基础上追求合作双方的“互利共赢”，这就需要共建的党支部群策群力不断推进党组织工作的创新，共同策划共建方案，制定共建目标，开展多种形式的具体党建活动，创新党建模式，提升师生党员的参与度，增强党组织的凝聚力和战斗力，从而建立起良好的支部共建工作机制，还可以使党员干部在具体共建活动中得到锻炼，从而提升高校党建工作的效率和效果。

二是共建为人才培养提供新路径。对于高校基层党支部特别是学生党支部来说，组织共建活动、开展建设工作的过程也是培养锻炼支部党员干部和学生党员骨干、培育合格学生党员的过程。共建的组织实施过程中。党支部要充分运用系统优化的方法，要着眼于事物的整体，从整体出发，把党员干部和人才培养联系起来开展，统筹考虑，优化组合，通过共建探索、形成党支部人才培养使命任务的新路径。

高校党政机关和基层党委开展相关工作和指导基层工作时也要适应当下高校人才培养的需要，在指导、保障基层党组织建设和共建工作中注重促进各党支部之间、不同支部的党员之间的横向沟通交流。确保支部人才培养符合为国家培养理想信念坚定、政治素养过硬的高层次人才的要求，促进基层党员在共建实践中锻炼党员和党员骨干的理论素养、业务能力，为高校提升党建工作水平和实现人才培养目标奠定坚实的基础。

三是共建为思想政治工作提供新活力。党的组织生活是党的生活的重要内容和载体，是党组织对党员进行教育、管理、监督的重要形式。习近平指出，“党内政治生活和组织生活都要讲政治、讲原则、讲规矩，不能搞假大空党支部的组织生活，体现政治性”①；严格落实主题党日制度，体现生动性；认真开展民主评议党员，体现严肃性；认真开

① 本报评论员．明确基本标准　树立行为规范［N］．光明日报，2016－04－09（001）．

展组织生活会，体现规范性。要与时俱进创新组织生活方式方法，使高校党支部活动的开展更具创新性、实效性。

通过开展党支部共建活动，使支部建设与思想政治教育工作有机地结合起来，形成教育合力，不断提高育人的实效性和针对性。① 共建党支部在共建活动开展的过程中不断交流、相互协作，不同类型的党支部开展合作，在人才培养、服务社会、贴近市场等方面可以促进双方取长补短、共赢发展，共建双方努力做到在每一次的共建活动中都会有新的收获。

2. 共建仍存在的困难与问题

党支部共建由来已久，但在具体实施过程中会产生一些问题和困难。主要集中在内容形式流于表面，缺乏创新性，活动难以长期可持续进行。"新时期下，不断推动党建管理模式的创新是加强基层党组织建设和增强高校党部活力的新途径"②。所以不断创新党支部共建模式才是保持活动富有活力的根本。高校党支部共建活动虽然取得了一定成绩，但也存在若干现实问题。从高校党支部共建的方向出发，探索高校党支部共建中存在一系列的共性问题，以共性与个性、整体与部分为主要分析方法，以教师党支部和学生党支部为重点分析对象，从中分析目前存在的突出问题及特征，主要表现在以下几方面：

第一，缺乏引领，教师党员在支部引领中存在缺位现象。当前形势下高校普遍重视党建工作，但是在党支部建设实际工作中，教工党支部与学生党支部交流过少，活动交叉不够，对于学生党支部的引领作用不凸显。

---

① 曹文泽．党建在机关与学生支部结对共建中深化［J］．中国高等教育，2006（6）：37－38.

② 陈淳，陈品宇，谢朝阳．协同共建：高校研究生党支部创新管理模式研究［J］．南方论刊，2016（7）：43.

已开展的共建活动往往只侧重共建的启动而忽视共建的延续，没有长远的规划和方案，也没有具体的推进措施和步骤。制度建设是一切工作的重要保证，党支部共建制度则是共建活动健康、持续开展的保障。现有的共建活动并未实现制度化和常态化，对共建成效的考核也只是在教工党支部或学生党支部考评中作为其中的一项创新性指标进行评价。当前，有些高校片面注重科研学术和学科建设，一定程度上忽视了基层党组织建设。部分高校党支部在设置形式上没有遵循功能相近、便于开展组织生活的原则，导致部分科研团队、实验室（基地）、青年教师俱乐部等党的组织和工作覆盖存在“空白点”。① 既无法确保共建联动的规范性，也使共建活动处在完成政治任务的临时性举措这一尴尬境地，难以形成长效性。

第二，资源浪费，优势不能互补，组织设置不完善。教工党支部及学生党支部优势不能互补，优质资源不能共享，导致了高校学生党支部与教工党支部在实际工作中各自为政、互不相干的情况，很大限度上阻碍了高校党支部的建设步伐。②

高校教师教书育人的政治责任，要求教师和学生之间应该思想互通、教学相长、寓政治教育于专业教育之中，实现“科学知识传递、研究技能培养与思想品德塑造”的完美统一，促进校园和谐、教研发展。因此，教师党支部应该加强与学生党支部的联系，通过有效的机制实现取长补短、和谐双赢的建设成绩，促进高校基层党支部战斗堡垒作

① 刘孟野，苑丽丽，李欣雨．高校党支部教育建设路径探析［J］．知识经济，2020（01）：138、140.

② 徐辉，官媚．“互联网+”背景下高校学生党支部与教工党支部共建的研究与实践［J］．人才资源开发，2017（08）：64-66.

用的有效发挥。① 许多高校党支部开展共建的领导方式、组织形式、工作流程及系统性、规范性等还不够完善，没有固定的制度保障。据调查，共建经费多数来自上级党组织拨款、本单位行政经费支持，少数来自党员自筹、外来捐赠，没有固定经费来源的不在少数。不少党支部在共建过程中始终感觉捉襟见肘、力不从心，有的党支部为开展共建活动，只能临时挪用其他经费，这样就难免与其他工作产生冲突，甚至招来质疑和非议，难以满足共建活动长期开展的需求。如此重启动轻延续的共建只会让人们模糊共建的价值，忽视共建的社会意义，难以达到师生党支部共同学习、共同进步、共同发展的效果。

第三，形式刻板，党支部活动形式缺乏特色和创新。当前许多高校把党支部共建活动列为基层党建的重要工作，因此，各学校党委、院系级党组织均积极号召安排大学生党支部参加积极有益的活动，如走访社区等。然而，许多学生党支部积极性不高，甚至大搞形式主义，活动不以服务、学习、提升为目的，而以完成任务为目的，大大降低了党支部活动的主观能动性。从已开展的共建活动来看，共建形式主要以上党课、召开支部交流会、组织参观活动为主，学生党员甚至教工党员对参加此类活动都没有太高的积极性。② 与时俱进是创新的灵魂。我们必须看到的是，缺乏创新是当前高校党支部共建活动中面临的最严重的问题之一。枯燥乏味的活动形式、因循守旧的活动内容，使当前大学生党支部共建活动建设进程止步不前。实地走访、问卷调查、召开共建支部座谈会，这些传统的支部共建活动形式频繁地出现在各大高校各学生党支部的共建活动中，在很多情况下是应付检查的形式主义作风，组织者和

---

① 易晖，王海林，林佩云．高校师生党支部共建的探索与思考［J］．科技信息，2011（24）：431－432.

② 诸葛竑．高校师生党支部新型共建机制探究［J］．上饶师范学院学报，2019，39（02）：77－81.

参与者对于活动开展的实效并不关心，党支部共建活动因为缺乏创新而失去生机与活力。

如今，飞速发展的信息技术和高等教育制度改革的大环境给高校党支部建设工作带来诸多挑战，党支部内部人员构成具有青年高知的特殊性，有着思维敏捷活跃的倾向性，决定了高校党支部建设必须紧跟时代发展，在传统的会议、课堂、集中学习等常规动作的基础上，改变缺乏长效机制，组织生活单一，实效性不足等固有运行模式。① 党建的内容严重脱离了高校工作实际，缺乏创新，长此以往，党员师生、入党积极分子及团学干部对党建工作参与的积极性不高并形成恶性循环，从而导致基层党建工作失去其本身的意义，支部的堡垒作用丧失殆尽，支部共建也失去了载体。

第四，平台匮乏，党支部共建活动师生参与度低，学生党支部服务机制亟须完善。新时代下，高校大学生肩负实现中华民族伟大复兴的重要使命，立志成为社会主义的建设者与接班人。但是许多大学生党员把全部的精力放在理论学习上，忽视了实践对于党员自身建设的重要性。许多学生党员认为开展党支部活动不仅不能发扬服务精神，反而浪费个人时间，因此拒绝参与党支部活动，这就造成了当前党支部共建活动参与度不高的问题。有时，党支部选择的共建党支部地处偏远、环境恶劣，个人身体状况等因素造成共建活动对于学生党员吸引力低。

全心全意为人民服务是党的根本宗旨，要求党支部建设必须将增强服务意识作为重点。学生党支部中服务意识、服务能力是中心，在实际工作中，学生就业创业帮扶、心理指导、社会实践活动都是服务型党支部建设的重要活动形式。不断拓宽服务平台、服务渠道和活动载体，让

---

① 许寅寅．“微时代”与高校党支部职责体系融合的实践与思考——基于贯彻《中国共产党支部工作条例（试行）》的研究［J］．现代商贸工业，2020，41（06）：126－127.

学生在实践探索中深化服务意识，增强服务能力，使得服务活动的形式得到创新，更加贴近学生，服务学生。因此，精品化、常态化服务平台和服务项目是基层党支部进一步打造的重点。

二、共建对推动高校基层党支部工作的重要意义

党的十九大报告提出了新时代党的建设总要求，首次提出“不断提高党的建设质量”，党支部共建正成为新时期高校党建工作的理论增长点和实践创新点。在落实全国教育大会和全国高校思想政治工作会议精神中，无论是发挥高等教育五大职能，还是高校师生服务人民、社会实践、了解社情，都需要搭建高校与其他社会机构合作的载体，优势互补、统筹资源、共同发展。在这些合作载体中，更多地体现在共建活动上，而党组织的共建，是其他一切共建活动的龙头和牵引，为其他共建活动提供政治保障和思想指导。

高校基层党支部的共建工作适应当下高校人才培养需要，通过开展党支部共建活动，促进各党支部和党员之间的横向交流沟通，进一步强化党员干部的政治意识、大局意识、责任意识、服务意识和奉献意识，符合为国家培养理想信念坚定、政治素养过硬的高层次人才的要求，为高校提升党建工作水平和实现人才培养目标奠定坚实的基础。

（一）高校基层党支部共建的意义

从校内共建来说，高校机关党支部和院系党支部的共建有助于增强高校机关党员干部的服务意识，密切干群关系。教工党支部与学生党支部的共建有助于形成师生党建工作合力，促进高校学生党建工作科学发展。从校外共建来说，高校党支部与企事业单位或社区党支部共建，有

助于开阔师生党员视野，拓展师生党员接触社会、服务社会的深度和广度。① 总之，支部共建及其相关工作是高校党支部党建工作的重要组成部分和重要促进方式，对高校党支部党建工作的发展提升具有如下重要意义。

第一，高校基层党支部开展共建能够更好履行高校自身职能和使命。党支部共建正是高校深化履行使命的重要途径。从人才培养来看，党支部共建能调动更多资源，实现理论与实践的统一；从科学研究来看，党支部共建能整合和优化资源，实现整体和部分的协调；从社会服务来看，党支部共建能充分发挥高校的人才和智力优势，更好地与行业、社会对接，提升高校培养与市场需求的结合度；从文化传承创新来看，党支部共建能够把中国优秀思想文化发扬光大，促进中华优秀传统文化的创造性转化和创新性发展。

第二，高校基层党支部开展共建是加强基层党支部建设的重要方式。开展党支部共建可以提高高等院校基层党支部建设工作的多样性和互动性，覆盖日常党建工作中不到位、不充分的部分，促进党建工作中原有的优势更好发挥。同时，丰富多样的共建实践活动还有助于提升党员个人思想政治素养、提高党员队伍整体素质。另外许多学生党支部还以各种形式与街道社区共建，与福利院、养老院共建，与民工子弟学校、幼儿园共建，与科研院所厂矿企业共建，虽然与学生党支部开展共建的这些党支部来源广泛、类型不一，但他们在不同层面、用不同方式有力支持了学生党支部的建设，切实有效地在实际的社会场景下加强了对大学生的思想政治教育，从而在更广范围内增强了高校学生党建与思想政治工作的合力。

第三，高校基层党支部开展共建有利于提升高校党员队伍素质。开

---

① 方娟．高校党支部共建模式探究［J］．文教资料，2013（12）：142－143.

展“党支部共建”活动架起了校内外党支部与学生党支部之间的桥梁，在活动开展的过程中，外部的人力、物力、信息等资源必然会不同程度地汇聚到学生党支部来。① 党支部共建更具有实践性、更能与教学科研等中心工作紧密结合、更贴近育人工作实际，因而成为许多高校党支部的选择。在共建活动中，党员的主体地位得到彰显，党员个体的特长得到发挥，党员与外部环境的联系得以加强，党员的服务意识和能力也得以提升。

第四，高校基层党支部开展共建是高等院校服务社会的重要途径。高等院校党组织开展支部共建，能够为学生党员和教职工党员提供更多认识社会、了解社会和服务社会的机会和途径。在社会环境中，高等院校具有独特的科学技术和高素质人才优势。将支部共建拓展到校园以外，既能充分发挥优势为社会服务，又能促进学生党员和教职工党员对社会的认识水平和适应程度，促进他们更好地服务社会、报效国家。

（二）高校师生党支部共建的重要作用

高校基层党支部处在学校教学、科研、管理工作的最前沿，是学校党政全部工作和战斗力的基础。2016 年 12 月 7 日至 8 日，习近平总书记在全国高校思想政治工作会议上的讲话指出，“要加强高校党的基层组织建设，创新体制机制，改进工作方式，提高党的基层组织做思想政治工作能力。要做好在高校教师和学生中发展党员工作，加强党员队伍教育管理，使每个师生党员都做到在党爱党、在党言党、在党为党。”

教职工党的支部委员会要支持本单位行政负责人的工作，经常与行政负责人沟通情况，对单位的工作提出意见和建议。教职工党的支部委

---

① 李萍，万年青. 创“强基”新模式支部共建促发展［J］. 学校党建与思想教育，2011（13）：36－37.

员会负责人参加讨论决定本单位的重要事项。大学生党的支部委员会要成为引领大学生刻苦学习、团结进步、健康成长的班级核心。习近平总书记指出：青少年阶段是人生的“拔节孕穗期”，最需要精心引导和栽培。① 在学生党建过程中，全方位引入专业教师党员的力量，开展师生党支部共建，可以突破原有学生党支部的组织结构和平台的限制，充分发挥教师党员的引领作用。这一模式体现了新时代党建、思想政治教育与专业教育一体化和双向融入的创新思路。②

党的基层组织是确保党的路线方针政策和决策部署得以贯彻落实的基础，师生党支部结对共建是加强高校师生党员联系的一种有效手段，是增强高校党支部活力的一个新的途径。③ 因此，以习近平新时代中国特色社会主义思想为指导，通过师生党支部共建充分发挥教师党员的先锋模范作用，能够与学习和思想教育工作同步，对学生党员进行有效的教育和管理，同时也能促进高校党建工作的开展。④ 习近平总书记非常重视高校的基层党组织建设，要求高校提高党的基层组织做思想政治工作的能力⑤，实现“紧密结合学校实际和党员群体特点开展组织生活创新，不断提高组织生活的吸引力和实效性”⑥。就此而言，师生党支部共建无疑可以作为新时代背景下开展基层党组织标准化建设的一项重要

---

① 习近平主持召开学校思想政治理论课教师座谈会 强调用新时代中国特色社会主义思想铸魂育人 贯彻党的教育方针 落实立德树人根本任务［N］．人民日报，2019－03－19（1）．

② 胡术恒．新时代高校师生党支部共建的价值与路径［J］．北京教育（高教），2019（11）：46－48.

③ 邓天鹏．新时期高校基层党组织作用研究［J］．中国西部科技，2010，9（22）：70、64.

④ 王波，章林．基于“党建＋学业”双导师制的高校师生党支部共建的思考［J］．铜陵学院学报，2018，17（06）：73－76.

⑤ 把思想政治工作贯穿教育教学全过程 开创我国高等教育事业发展新局面［N］．人民日报，2016－12－09.

⑥ 安徽省委组织部．中共安徽省委组织部关于推进基层党组织标准化建设的意见［EB/OL］．［2017－01－09］．http：//www.hsxfw.gov.cn/news.php? id＝10083.

尝试，对于加强高校基层党组织建设，巩固高校基层党支部实践活动成果，推进高校各项活动的“常态化、长效化”，有着重要的实践意义。

（1）有利于推进高校师生党支部实践活动的深入开展。教职工党支部所拥有的人力、物力、信息等资源必然会不同程度地与学生党支部共享，为加强大学生的思想政治教育提供更宽广的平台。① 师生党支部结对共建，结合了教师的经验优势和学生的组织优势，有利于创新支部活动方式，进一步加强高校基层党组织建设；另外，在高校有教师和学生党员比例较高的特点，通过师生党支部的共建活动，可以以部分带动全体，在充分发挥基层党组织战斗堡垒作用的同时，有效示范带动学校其他各类基层组织的建设。

高校党支部利用党员好故事、书记好党课、支部好案例，树立典范，实现师德师风建设以点带面。组织开展师德典型宣传和优秀教师党员报告会，提高优秀教师党员和学生党员在师生中的影响力。特别强调“关键时刻站得出”，发挥教师党员模范作用，攻坚克难在前、吃苦奉献在前。积极开展支部党建新媒体建设工作。以网络作为党建工作的主要途径，建设本支部的微信公众平台、创建支部微信群，积极宣传国家的大政方针政策，积极做好线上交流和线下落实，切实提高工作效率。

（2）有利于增强师生党支部的先进性。先进性是马克思主义政党生命所系、力量所在。高校师生党支部共建为学生党员与教师党员面对面接触提供契机，教师党员通过言传身教给予学生党员工作、学习和生活方方面面的指导。在共建合作过程中，教师从思想和行为等方面对学生进行全面培养教育，使得高校教育从口头讲授到具体行动，推动其带头实践党的教育方针和政策，更易感化学生、带动学生，进而实现高校

---

① 戴毓军. 高校教工党支部与学生党支部共建载体的创新［J］. 咸宁学院学报，2012（1）：123-124.

师生党员先进性的全面提升。

师生党支部结对共建、互学互帮、取长补短，是创建先进党支部的有效途径。一方面，师生支部通过共同组织开展支部建设活动，发挥各自优势，活动的针对性更强，更贴近师生的实际，支部活动能够开展得更有吸引力；另一方面，师生党支部结对共建可以实现教学相长。教师党员在共建活动中可以及时掌握学生的思想动态、学习需求等一手信息，提高教师的教学和科研水平，同时教师有针对性地调整教育教学方法，及时给予学生引导和帮助，利于学生成长成才；结对共建还可以锻炼干部，凝练队伍。通过谋划共建目标，制定共建方案，组织具体活动，不仅可以建立起良好的支部工作机制，而且可以使党员干部在具体共建活动中得到成长和锻炼，党支部更富有凝聚力和战斗力。因此，师生共建党支部通过突出和强化党支部的政治功能，体现了高校党建整体化的思路。在党建整体化思想的指导下，师生党支部能够更有效地开展工作，不断提高其战斗力和凝聚力。

（3）有利于发挥党员的模范作用。师生党支部结对共建，为师生党员参与学校管理，发挥师生的主人翁作用特别是党员教师服务育人方面的模范带头作用创建了平台。在支部共建活动中，教师党员主要发挥“传帮带”作用，通过“一对一”结对，明确了应尽职责和义务，带头实践党的教育方针和政策。通过结对共建，党员教师在教师队伍中发挥示范效应，提高了整个教职工队伍“全面育人、全方位育人、全过程育人”的自觉性和责任感。学生党员提高了自身综合素质，在青年学生中发挥引领作用和带头作用。高校师生党支部共建是一种双向互动的过程，既能第一时间掌握学生的学习需求与思想动态等信息，加强师生之间的资源共享，密切师生关系，同时有利于教学质量、科研水平的提升，给予学生有针对性的指导与帮助，提升学生的综合素质，培养高素质人才。

2019年新学期伊始，全国各大重点院校通过支部共建开展“不忘初心、牢记使命”主题教育活动。习近平强调，做到不忘初心、牢记使命，并不是一件容易的事情，必须有强烈的自我革命精神。应该看到，在长期执政条件下，各种弱化党的先进性、损害党的纯洁性的因素无时不有，各种违背初心和使命、动摇党的根基的危险无处不在，“四大考验”“四种危险”依然复杂严峻，如果不严加防范、及时整治，久而久之，必将积重难返，小问题就会变成大问题、小管涌就会沦为大塌方。党的自我革命任重而道远，决不能有停一停、歇一歇的想法。不忘初心、牢记使命要靠全党共同努力来实现，每一个党员、干部特别是领导干部必须常怀忧党之心、为党之责、强党之志，积极主动投身到这次主题教育中来。

“为者常成，行者常至”。新时期高校党支部工作建设任重而道远，在党支部工作中我们要全面落实上级要求，建立过硬党支部长效机制，认真学习习近平总书记系列讲话精神，狠抓落实，奋发作为，切实把党支部建设成为团结群众的核心、教育党员的学校、攻坚克难的堡垒，切实推动党建工作“走在前”。

行之力则知愈进，知之深则行愈达。实践证明，党的领导是中国特色社会主义制度的最大优势。在新冠肺炎疫情防控阻击战中，党的政治优势、组织优势、密切联系群众优势不断转化为强大治理效能，有力地保障了广大人民群众的身体健康和生命安全。习近平总书记在给北京大学援鄂医疗队全体“90后”党员的回信中表示：“来信收悉。在新冠肺炎疫情防控斗争中，你们青年人同在一线英勇奋战的广大疫情防控人员一道，不畏艰险、冲锋在前、舍生忘死，彰显了青春的蓬勃力量，交出了合格答卷。广大青年用行动证明，新时代的中国青年是好样的，是堪当大任的！我向你们、向奋斗在疫情防控各条战线上的广大青年，致以诚挚的问候！青年一代有理想、有本领、有担当，国家就有前途，民族就有希望。希望你们努力在为人民服务中茁壮成长、在艰苦奋斗中砥砺意志品质、在实践中增长工作本领，继续在救死扶伤的岗位上拼搏奋战，带动广大青年不惧风雨、勇挑重担，让青春在党和人民最需要的地方绽放绚丽之花。”马克思主义作为我们党的指导思想，其所包含的真理信仰对于加强对青少年的理想信念教育至关重要。因此，青年党员尤其是大学生党员要学好每一堂思政课，作为必修课程认真对待，迈稳步子、踏实做事，在苦干实干中绽放最美青春年华。在疫情防控战场上，在社会主义现代化强国建设的征程中，不论风雨，青年一代必将让青春之花开在党和人民最需要的地方。

第四章　高校基层党支部共建类型与模式

中华人民共和国成立七十多年来，我国的高等教育事业取得了长足的发展。截至2020年6月，我国境内（不包含港澳台地区）共有3005所高等学校，包括2740所普通高等学校和265所成人高等学校。这2740所普通高等学校中又包括1258所本科院校和1482所高职（专科）院校。这些高等学校分布在31个省、自治区、直辖市，其中公办院校隶属于不同的部委机关、事业单位、人民团集、省市人民政府，民办院校则由不同的社会力量举办，并接受所在区域的教育部门的管理和指导。另有43所军队院校，在中央军委、各军兵种和武警部队的领导下开展高等军事教育。面对如此数量众多的高等学校在等级规模、人员数量、地域分布、办学定位和层次、办学特色和行业特点上的不同和现实情况，其党建工作和共建工作也面临不同的特点和问题。因此，对不同的高等学校基层党支部共建的相关类型和模式进行分类归纳和研究，对于高等学校党组织的支部共建工作的发展、进步和创新有着积极作用。

一、高校基层党支部共建类型与模式分析

在明确了高校基层党组织共建的相关概念之后，我们就可以对高校

党支部共建的不同情况进行分类讨论。并在此基础上对高校党支部的共建实践进行全面、细致地梳理，以此加深对高校基层党支部共建重要性的认识和研究。

（一）高校基层党支部共建类型概述

1. 高校基层党支部共建分类的理论依据

《中国共产党章程》指出："企业、农村、机关、学校、科研院所、街道社区、社会组织、人民解放军连队和其他基层单位，凡是有正式党员三人以上的，都应当成立党的基层组织。"党的章程对党的基层组织的成立条件的要求，是我们对党支部的组织划分类型的最根本依据。同时，考虑到相当一部分高等学校具有教学和科研的多重职能，我们还应当将高等学校的共建对象分类进行更贴合实际的划分，以便开展相关的研究讨论工作。

中共中央于2018年11月印发的《中国共产党支部工作条例（试行)》将中国共产党在各行各业的党支部根据不同领域和职能，分为以下几种类型，包括村党支部、社区党支部、国有企业和集体企业中的党支部、高校基层党支部、非公有制经济组织中的党支部、社会组织中的党支部、事业单位中的党支部、各级党和国家机关中的党支部、流动党员党支部、离退休干部职工党支部共计10种。

这10种不同领域的党支部结合自身工作实际，分别承担各自不同的重点任务。这一划分相较于《中国共产党章程》中的9种情况更加细致和切合实际，有利于我们对不同类型的共建开展针对性的研究和分析。

2. 高校基层党支部共建的类型划分

《中国共产党支部工作条例（试行)》中的分类对我们分情况讨论

高校基层党支部的共建，有很大的参考作用。结合高等学校党组织的性质、工作内容和特点，以及高等学校中不同类型、组成的党组织的共同点和特殊性，我们将高校基层党支部的共建类型总结为以下六种：

（1）高校中的相同类型党支部之间的共建；

（2）高校中的不同类型党支部之间的共建；

（3）高校基层党支部与各级党和国家机关中的党支部、事业单位中的党支部、国有企业和集体企业中的党支部的共建；

（4）高校基层党支部与非公有制经济组织中的党支部、社会组织中的党支部的共建；

（5）高校基层党支部与基层组织党支部的共建；

（6）高校基层党支部与部队党支部的共建。

（二）高校基层党支部共建类型分析

经过研究总结分析，高校基层党支部的共建可以分为上述六种类型，下面将对这六种类型分别进行分析梳理。

1. 高校中的相同类型党支部之间的共建

高校中的相同类型党支部共建，即从高校基层党支部的组织管理模式、党员身份构成、支部承担的中心任务等方面相同的党支部之间形成的共建关系。例如，不同高校的学生党支部之间、同一高校不同院系的学生党支部之间、同一高校同一院系的相同或不同年级的学生党支部之间、高校的教工党支部之间、高校不同部门的后勤服务人员党支部之间进行的共建活动，就属于相同类型党支部的共建。简言之，就是学生党支部和学生党支部的共建，或者教工党支部和教工党支部的共建。形成共建关系双方或多方的党员除了所属单位不同以外，没有太大的差别，其共建关系中的党员的身份类型是完全一致的。

（1）高校学生党支部之间的共建

高校学生党支部的党员构成情况较为单一，即主要由高校的本科生和研究生（包括硕士研究生和博士研究生）所构成。一方面，高等学校要把“立德树人”融入思想政治教育、文化知识教育、社会实践教育等各个环节，把思想价值引领贯穿教育教学全过程和各环节，形成“教书育人、科研育人、实践育人、管理育人、服务育人、文化育人、组织育人”的长效机制，开展人才培养工作。另一方面，高校学生党支部拥有较为健全的规章制度，能够对党员进行全方位、多方面的培养教育与考核，组织管理也较为严格、规范。这些特点均为高校学生党支部之间开展共建提供有利条件。

对于学生党员来说，高校学生党支部之间开展共建搭建了学生党员之间的交流平台，有利于学生党员分享彼此在学习、学生工作和生活之间的心得感受，促进学生党员之间的了解与互相学习，从而促进党支部乃至学院、学校的党建工作水平的提升。具体来讲包括以下三种情况：

其一，不同高校的学生党支部之间开展共建。虽然不同的高校都坚持社会主义办学方向，都坚持党的领导和马克思主义指导地位，扎根中国大地办教育，坚持以人民为中心发展教育，但不同类型、规模、区域、定位、层次的高校在人才培养和科学研究方面的课程、教材、方法、体系等诸多方面都有一定的差异，并在办学过程中形成了各具特色的办学风格和校园文化。此外，不同高校的区位优势、科研优势、资源优势也有所不同，学校实力和办学水平也不会全然一致。

在此背景下，不同高校的学生党支部之间开展共建，首先为双方学生党员提供了了解对方学校的便利条件。学生党员通过共建可以更好地了解对方高校的办学特色和文化，有助于高校学生开阔眼界。其次，通过共建交流各具特色的专业设置或科研成果等，有助于双方学生党员见贤思齐、取长补短，激励学生党员积极投身科研学习，使学生党支部、班级、院系乃至整个高校的学习氛围得到提升。同时，通过共建交流，学生党员之间可以结下深厚的友谊，拓展了学生党员的交流界限，增进了学生、党组织和院校之间的和谐、融洽的情谊。最后，在共建中，不同类型、不同性质的院校之间的差异性可以为学生党支部固有的组织生活模式等注入新的活力，拓宽党支部的工作思路。双方通过共建，可以起到相互监督和促进的积极作用，在各自所在的党组织中开创党建工作新局面。简言之，不同高校之间的学生党支部开展共建可以促进双方互相学习、开阔眼界，促进高校之间学生党员的交流和双方党建工作的共同提升。

其二，同一高校不同院系的学生党支部之间开展共建。即使是同一所高校的不同校区、院系之间，学生在学习生活和组织生活方面也会存在由于学科设置、专业特点等因素导致的差异。类似的，相应的学生党支部的组成结构和分布也会存在较大的差异。以广东药学院为例，该校护理学院的学生中女生占90%以上，相应导致学生党员中女性党员的比例大大超过男性党员；而医药信息工程学院、医药化工学院等则恰恰相反，男性党员比例大大超过女性党员。这种党员组成结构方面带来的问题使一些特殊形式的党组织活动受到了不同程度的影响或限制。例如，护理学院党支部想组织户外拓展或野营类的活动，医药信息工程学院和医药化工学院党支部想组织文艺类的活动、照顾敬老院老人或者孤儿院小朋友等活动，就会遇到一定的困难。通过二级学院之间的党支部共建，可以很好地解决这一问题，在同一所院校当中通过有目的的选取共建对象起到优势互补、互相搭配的作用，便于更好地开展多样化的党组织活动。①

① 方娟．高校党支部共建模式探究［J］．文教资料，2013（12）：142－143.

其三，同一高校同一院系的相同或不同年级的学生党支部之间开展共建。与同一高校不同院系的学生党支部情况类似，同一高校同一院系的相同或不同年级的学生党支部的组成结构和分布也存在着差异。其不同之处在于，因学生党支部属于同一高校的同一院系，所以学生党员的专业背景类似，日常学习生活的轨迹也大多一致，更有利于共建活动的开展。借助类似的专业背景，学生党员之间的交流沟通也更加顺畅，策划共建活动时可以更多地考虑选择具有专业性的活动。

在此背景下，对相同年级的学生党支部而言，学生党员之间具有相同或相近的学习阶段和特点。因此相同年级的学生党支部之间开展共建可以实现资源共享、节省精力，更有效地聚焦于专业特色，提高整体学习能力和科研水平。对于学生党支部提升党建水平工作来说，这是一种有效且较为便利的途径；对不同年级的学生党支部而言，高年级学生党支部相较于低年级学生党支部而言，其党的理论经验和党务工作经验都更为丰富，且在党员人数、党龄等方面也有一定优势。不同年级的学生党支部之间开展共建，可以有效促进高低年级学生党员之间的了解，高年级学生党支部可以帮助低年级学生党支部加强支部建设，开展学习、工作和就业经验交流和支部工作心得分享等活动。在此过程中，高年级学生党支部党员可以得到锻炼，在共建工作中提高工作能力，优秀党员还可发挥模范带头作用，承担低年级党支部的指导工作。同时，低年级学生党支部党员可以在榜样的带领下更加快速地成长。这样既可以有效提升双方支部的党建水平，又可以对院系党委（党总支）的党建工作起到良好的促进作用。

（2）高校教工党支部之间的共建

由于职业特点等原因，相较于从事其他职业的党员而言，教工党员在教育教学、科研专业领域、党员教育等方面具有优势，这为高校教工党支部之间的共建提供了有利条件。无论是同一高校的教工党支部之间开展共建还是不同高校的教工党支部之间开展共建，都可以促进教工党员之间在学生工作、教学、科研、党务等方面的交流，提升彼此间在学生工作、教学、科研、党务等方面的能力，更好地推动高校全面落实立德树人根本任务和发挥高校职能。具体而言同样包括以下两点内容：

其一，同一高校的教工党支部之间开展共建。教工党员可以依托共建平台，加强交流沟通。同一高校内，教工党员处于共同的办学风格和校园文化之中，在人才培养的课程、教材、方法等诸多环节上的交流更加便利。在此背景下，教工党支部之间开展共建，党员的归属感更强，更易发挥集体作用的强大力量，有助于提升双方党支部的党建工作水平，从而提升高校的党建工作水平。

其二，不同高校的教工党支部之间开展共建。对于教工党员来说，不同高校之间的教工党支部开展共建同样有利于双方在学生工作、教学、科研、党务方面的交流，有助于促进高校双方党建工作的共同提升。不同高校的教工党员可以共享人才培养的课程、教材、方法等资源，在各自高校独具特色的科研优势上互相交流，提升各自的办学水平。在这个过程中，在学生工作、教学、科研、党建等方面有突出表现的样板党支部、模范党支部可以带动并帮助希望进步的党支部加强支部建设，在相关方面开展集体备课、经验交流、研学共建等活动。同时，结合教工党员的学历背景、年龄结构、教授课程、科研攻关方向、发展规划等不同特点，开展更有针对性的共建活动，增进教师党员之间的交流，对教工党员个人的业务素质和政治素养的提升都能起到促进作用。同时对于教工党支部以及上级院系党委（党总支）的党建工作的提升也能起到积极作用。

无论是上述提到的学生党支部、教工党支部，还是高校系统下属的后勤党支部等其他类型的党支部开展共建，由于共建双方党支部的党员年龄结构、知识和学历结构、参与的学习或工作任务很大程度相同或相近（如不同专业的学生之间和不同高校同一专业的教师之间），双方交流起来基本上不存在什么障碍，这对于开展共建活动来说是非常有利的。

2. 高校间不同类型党支部之间的共建

高校中的相同类型党支部共建，即从高校基层党支部的院系部门、组织管理模式、党员身份构成、支部承担的中心任务等方面不同的党支部之间形成的共建关系。例如，同一院校内的学生党支部和教工党支部的共建、学生党支部与后勤党支部的共建、在职教工党支部与离退休教工党支部的共建。在这种共建关系下，由于共建双方会因为支部的组成不同而存在年龄结构、知识水平、学历高低、党龄长短、工作经验和人生阅历等方面或多或少的差距，在一定程度上对二者之间的沟通交流形成了一定阻碍。但正因存在差异和不平衡，才更体现出双方加强交流的重要性和开展共建活动的必要性。该类型存在以下两种情况：

（1）教职工党支部与学生党支部之间的共建

教职工党支部与学生党支部共建是当前高等学校提升党建工作、开展支部共建的常见类型。就各自的党支部而言，教职工党支部与学生党支部的管理、建设和运行相互独立，虽然教职工党员和学生党员在日常的教学、生活中有着许许多多的交流，但是在组织生活、党支部建设方面的交流却少之又少。教师党支部的组织建设任务包括专业领域交流、党员教育等方面，而学生党支部组织建设主要在政治理论学习、第二课堂等方面。这样就造成了教师党支部的建设在一定程度上与立德树人的中心工作契合度不高，没有鲜明的特点。① 教工党支部与学生党支部开展共建，则可以有效解决这一问题。通过共建，教工党支部与学生党支部加强了交流沟通，教师党员可以更有效地融入学生群体，提高与育人中心工作的契合度，既能够使教师党员增进对学生党员个体和支部所在班级、年级、院系的学生党员群体的了解，为开展教学和科研活动提供指导，也能够使教师党员通过共建活动有针对性地指导学生党员的学习、科研、工作、生活和思想，促进学生党员的成长成才和学生骨干的素质提升，实现“全方位育人”。在共建的过程中，如果能够创造条件，充分发挥学生党员的积极性和创造性，还能为教工党支部带来学生党员的新动力、新活力，真正起到共建的作用、达到共建的目的。

在创新党建工作形式和激发党建活力之外，教工党支部与学生党支部开展共建，还可以有效巩固并增强思想政治教育效果，增进师生关系，构建和谐校园。随着高校的不断扩招，高校师生比例也在不断降低。高校学生对高质量教育资源的需要与教学资源发展的不充分、分布的不平衡成为当今高校教育工作面临的巨大挑战。高等学校的教师、辅导员没有足够的时间和精力与每一位学生充分交流，师生关系的疏远已经成为中国高等教育的普遍现象。而师生党支部共建则能够把这一类行政上难以解决的问题引入党建工作，从而促进其改进和解决。党员教师可以通过思想政治上的引领、行为处事上的示范、学业科研上的指导、日常生活上的帮助等方式与学生党员深入交流，成为他们的人生导师、知心朋友；同时，师生党支部共建也能够让学生党员了解教师的日常教学工作，能够一定程度避免和消解师生在学习生活中的矛盾，可以更好

① 冯成，董抗．新时期高校师生支部共建的创新模式探究［J］．中国多媒体与网络教学学报（上旬刊），2018（03）：86－87.

地开展各项工作。教师更可以通过学生党支部及时了解教学管理中存在的问题，调整工作开展计划和方式，向学院或学校教务部门反映相关问题，从而提高教学管理的针对性。① 在上级组织的指导下，教师党支部和学生党支部开展共建，共同推进组织建设、理论学习、党员发展、中心业务等方面的工作，既可以使教师党员和学生党员从个人层面加强联系、相互学习、相互促进，又可以在双方党支部层面实现资源共享、优势互补、协同发展。

（2）在职教工党支部与离退休教工党支部之间的共建

在职教工党支部与离退休教工党支部之间开展共建，为离退休老党员与青年党员搭建了一个沟通交流平台。在共建过程中，离退休党员可以将自己的业务知识、工作心得、职业规划乃至人生经验传授给青年党员，为青年教职工党员的工作铺平道路、发展指明方向。与之对应的，青年党员接受新事物，尤其是高新技术事物的能力较强，离退休党员与青年党员加强交流，客观上也学习了一定的新事物，有助于丰富离退休党员的日常生活。双方通过加强交流与沟通构建共同学习的平台，有助于形成良好的党建氛围，激发党员参与党支部共建的热情和积极性，进一步提升党支部的凝聚力。

总的来说，在职教工党支部与离退休教工党支部之间开展共建，既能够在党组织的领导和支持下为离退休党员教师发挥余热创造平台和条件，又能够促进青年党员教师的政治素质和业务素质同步提高，起到“以老带新”的作用。离退休党员作为高校中资历最老的党员群体，可以在共建活动中为学生党员或青年教师党员传授经验、答疑解惑，加速他们的成长和进步。

---

① 冯成，董抗．新时期高校师生支部共建的创新模式探究［J］．中国多媒体与网络教学学报（上旬刊），2018（03）：86－87.

值得注意的是，有一种较为特殊的情况在划分类别时引起了比较大的争议和讨论。在学生党支部这一大的类别之下，本科生党支部与研究生党支部之间的共建、硕士研究生党支部与博士研究生党支部之间的共建应当作为哪一类别中的共建类型加以研究呢？对此，考虑到不同的高等学校对本科生、研究生的教学培养在学校定位、学制、培养方式、研究方向、管理模式和党政组织架构和运作模式等方面具有一定的差异性，且不同高校之间的实际情况有所不同，我们初步得出如下观点：通常情况下，本科生党支部与广义的研究生（包括硕士研究生和博士研究生）党支部的共建应当属于不同类型；狭义的研究生（仅指代硕士研究生）党支部与博士研究生党支部的共建应当属于同一类型。

3. 高校基层党支部与各级党和国家机关中的党支部、事业单位中的党支部、国有企业和集体企业中的党支部开展的共建

党和国家机关通常意义上来讲包括中国共产党的机关、人大机关、行政机关、政协机关、审判机关、检察机关、监察机关。广义上说也包括各级党政机关的派出机构、直属事业单位及工会、共青团、妇联等人民团体。事业单位是指由政府利用国有资产设立的，接受政府领导的，从事教育、科技、文化、卫生等活动的社会服务组织。国有企业是指国务院和地方人民政府分别代表国家履行出资人职责的国有独资企业、国有独资公司以及国有资本控股公司。各级党和国家机关、事业单位（包括参公管理事业单位和公益类事业单位）、国有和集体企业通常具有以下特点：

（1）肩负一定的行政职能，或者不同形式、不同程度的公共服务职能；

（2）以为人民服务为宗旨或者设立目的；

（3）不以营利为目标或首要目标；

（4）具有完善健全的党组织和党的领导管理体制；

（5）接受并服从上级党组织的领导；

（6）党组织参与并领导本单位的业务工作；

（7）党组织的影响力覆盖整个机关单位。

例如，某高校党支部和某县人民政府党组织下属的党支部、某高校党支部和某国有林场党支部、某高校党支部和某国有企业党支部之间的共建，都属于这一类型。

与党政机关、企事业单位开展共建，通常具有一定的与其他单位部门开展共建所不具备的优势。一方面是党政机关、企事业单位通常承担某方面的行政职能或公共服务职能，高校党支部可以根据党支部自身所在的院系部门的具体业务或学习、教学或科研内容，有针对性地选择相关的党组织建立共建关系，有方向性地开展共建。另一方面，党政机关、企事业单位的党建工作相对其他类型党组织更加完善，其下属支部的党员的政治素养相对较高、政治意识相对较强，这对于开展共建活动是极为有利的。再者，上述机关单位党组织的党建经费相对充足，对党建工作的重要性有充分的认识，能够为共建活动提供较为充足的时间、场地、经费、人员等方面的保障。

此外，由于大多数公办高等学校本身也是承担高等教育、科学研究职能的事业单位，在此条件下开展共建，更容易实现双方的优势互补、资源共享。例如，北京林业大学与国家林业和草原局、中国石油大学与中国石油天然气集团有限公司等类似的双方下属党支部之间建立共建关系，就属于这种情况。需要注意的是，非公有制企业（包括私营企业、外资企业以及非公有制成分占主导地位的混合所有制企业）由于性质不同，不归入此类，另行讨论。

4. 高校基层党支部与非公有制经济组织中的党支部、社会组织中的党支部开展的共建

非公有制经济是相对于公有制经济而产生的一个名词。它是我国现阶段除了公有制经济形式以外的所有经济结构形式。它也是社会主义市场经济的重要组成部分。非公有制经济主要包括个体经济、私营经济、外资经济等。① 随着社会主义市场经济的日益发展，非公有制经济对于促进我国经济社会高质量发展的作用日趋重要。党的十八大以来，党中央将坚持党的领导、加强党的建设摆在了比以往更加突出的位置，非公有制经济组织的党建工作更是成为党的基层组织建设的重点与难点。

不同于党政机关、企事业单位，非公有制经济组织的产权的所属特殊，党建嵌入企业的程度和效果很大程度上取决于经济组织的所有者、管理者和骨干力量等关键人物及群体的态度，经营业务种类和范围、从业人员综合素质等多方面的条件。实际当中，非公有制经济组织、社会组织中的党支部及其党员在组织内部一般不具有领导地位、对企业的业务工作不担负领导职责。如果党支部成员和企业组织的管理人员、业务骨干不能实现交叉任职，其影响力对本组织内非党员成员将非常有限。

因此，高校党支部与非公有制经济组织和社会组织党支部的共建，多数是结合其业务范围、业务工作的任务和需求、党的理论学习和党的建设质量提升等开展。这样既能够减少双方开展共建活动的阻力因素，也能促进双方在共建活动当中各取所需、共同进步。例如，高校学生党支部与科技型企业党支部开展共建，学生可以通过所学知识促进企业的日常运行、技术研发等工作的改进提升。同时，学生也可以在研究实践的过程当中锻炼对相关理论知识的应用能力。

企业是将技术和理论转化为产品和服务推向市场并转化为经济成果

---

① 李学明．邓小平非公有制经济理论研究［M］．成都：四川人民出版社，2001.

的主阵地。在市场在资源配置中起决定性作用的背景下，如何推进与提高高校与企业之间的“产学研”相结合的深度和广度，构建更加科学、高效的产学研应用体系，是当今大部分高等学校都要面对的重要课题。在新时代背景下，加深对校企党组织共建的研究和实践，能够促进构建更加完善的产学研紧密结合的共建工作机制。

5. 高校基层党支部与基层组织党支部开展的共建

《中国共产党章程》指出，党的基层组织是指“企业、农村、机关、学校、科研院所、街道社区、社会组织、人民解放军连队和其他基层单位”“党的基层委员会、总支部委员会、支部委员会”，还包括基层委员会经批准设立的纪律检查委员会。而我们在此主要讨论的是基层群众自治组织中的党组织。即城市居民委员会和农村村民委员会，是城市和农村按居民居住地区设立的城市居民或农村村民开展群众自我教育、自我管理、自我服务的基层群众性自治组织。通常情况下，社区党支部通常与居民委员会、村党支部通常与村民委员会合署办公、交叉任职。不同于街道办事处和乡镇政府等政府机关及其派出单位，居委会和村委会是建立在中国社会的最基层、与群众直接联系的基层群众性自治组织，直接联系并服务广大居民村民，不具有行政级别，是“最接地气”的基层组织。

高校党支部与社区党支部或村党支部开展共建，可以通过座谈讨论、电话访问、问卷调查、实地调研、志愿服务等方式了解居民村民、社区乡村辖区内的单位、企业和其他组织的实际情况，收集基层群众最关心、最直接、最现实的利益诉求，以促进和支持社区乡村党组织开展工作为直接目的，以满足基层群众对美好生活的向往为根本出发点，多渠道、有针对性地设计共建工作项目。服务内容可以涉及政策宣讲、法律服务、文体活动、精准扶贫、重点和特殊人群帮扶等多个领域，形成以社区党组织为核心，社会组织与社会工作者、社区老党员和社区志愿者良性互动、基层社区各类力量积极参与，上下贯通、左右联动，共建共治共享的基层社会治理和社会服务体系。① 形成以党建为引领，以社区乡村为平台，使高校师生党员积极投身社区乡村党组织建设，积极参与社会治理与社会服务的新格局，以实际行动贡献基层治理和乡村振兴。

共建活动的开展，有利于高校师生党员接触和了解我国基层城镇社区和乡村的实际情况，促进师生党员的学习、研究成果更加贴合社会实际、符合社会发展需要，真正使所学成果服务于人民、服务于社会。同时，高校师生党员作为接受过高等教育的高素质人才，也会在共建活动中为村或社区党支部的工作注入新的活力，提升基层工作者的业务素养和理论水平，提升基层业务和党建工作质量，促进基层治理工作的改善。

社区乡村的党建工作与高等学校的党建工作都是党的建设事业的重要组成部分，在共建工作与活动的具体环节中，要充分发挥社区党组织的主体作用。高等学校的党建工作需要创新模式与实践平台，社区乡村的党建工作需要人才支持和新鲜血液。高等学校具有社区和乡村所需要的高素质人才和高水平理论知识，而社区和乡村又可以为高校师生的科研创新和社会实践提供广阔的平台。高等学校与社区乡村之间的党组织开展共建，是解决双方目前存在的一些问题、实现促进党的建设“互利共赢”的良好途径。

6. 高校基层党支部与部队党支部开展的共建

高校基层党支部与部队党支部开展共建，是指与中国人民解放军、

---

① 王超. 鄂尔多斯市 强化社会组织党建引领 推动形成共建共治共享格局［J］. 中国社会组织，2019（04）：31－32.

中国人民武装警察部队的现役、预备役部队和民兵部队的连（中）队以及其他基层单位中的党组织进行共建。

中国人民解放军和武警部队是中国共产党创建和领导的军队、是国家武装力量的核心力量，是坚持和贯彻党的绝对领导最为彻底和党的领导组织体系覆盖最全面的队伍。高等学校是中国共产党领导下的高校，是中国特色社会主义高校。部队和高校的党组织在管党务、管业务、管干部及重思想、重政治、重纪律等方面目标一致、方法类似，有着广泛和深入的学习交流和结对共建空间。对于高等学校来说，不论是出于响应习近平总书记提出的“让军人成为全社会尊崇的职业”号召，参与和践行军民融合国家战略的宏观层面的考虑，还是出于加强党组织政治建设，促进支部团结、提升党组织凝聚力战斗力和党员综合素质的微观层面的考虑；不论是从学习人民军队光辉历史、光荣传统和优良作风的主观角度，还是从完成拥军工作、开展国防教育的客观需求，与部队党组织开展共建活动都是非常必要而且非常重要的。

高校党支部与部队党支部开展共建，通常从以下三方面作为切入点：

一是军民共建。“军民共建”社会主义精神文明活动，是新时期我国军民在党中央领导下加强社会主义精神文明建设的一个创举，是密切军政军民关系的重要载体和有效途径”①。高等学校党组织与部队党组织以共建形式开展国防教育，是国家法律法规的制度要求，也是高等学校军民共建活动的重要形式和载体，能够有力推动精神文明建设各项任务取得实效，促进高校学生和教职工学习新时代革命军人的优良作风和道德风尚。从军队建设的角度也有利于当代军人核心价值观的培育，使

① 本报评论员．谱写军民共建社会主义精神文明的新篇章［N］．解放军报，2012－07－26（002）．

得军政军民关系更加密切。

二是国防教育。国防教育是高等学校教学体系当中的重要一环。《中华人民共和国国防教育法》明确指出，“学校的国防教育是全民国防教育的基础，是实施素质教育的重要内容；高等学校应当设置适当的国防教育课程，将课堂教学与军事训练相结合，对学生进行国防教育”“高等学校可以在学生中开展形式多样的国防教育活动”等。而支部共建就可以是也应当是国防教育活动的开展形式之一，而且是能够取得实效的重要载体。

三是红色教育。经历了数次裁军、改革的部队，尤其是经历了新时代国防和军队深化改革的部队，能够保留下来、延续至今的无不是有着光荣历史和卓著功勋的队伍，无不是传承红色基因、赓续红色血脉的队伍。高等学校党组织和部队党组织开展的每一次共建活动，都是一次红色教育。通过共建组织开展红色教育基地参观学习、学习人民军队光辉历史和英雄人物事迹等活动，能够有效搭建高等学校党组织和部队党组织之间的沟通交流平台，加强革命精神教育传承，有效激发高校师生党员对党史、军史的热情，唤醒党员身份意识，推进党建与教育教学的深度融合，进一步提升党建育人的实效性。

在此过程中，红色教育对教师党员的教育作用尤为突出。高校党支部与部队党支部开展共建，加强对教师党员的红色教育，首先是有助于寻找政治思想与业务培训的“结合点”。将党的理想信念教育与立德树人、教书育人的职业理想相统一，把党的方针路线教育、理想信念教育纳入教师培训体系，实现思想政治教育与业务培训的一体化落实。其次是有助于寻找工作作风与师德师风的“契合点”。工作作风是师德师风的具体体现。要充分发挥党员干部和模范教师的示范作用，既要用党员干部的过硬作风带动师德师风，又要用教师全员的师德师风检验党员干部的工作作风，相互带动，相互监督，互勉共进。最后是有助于寻找党建文化与学校德育的“融合点”。坚持用党建文化统领校园文化建设，将党建文化作为推动学校德育一体化的“引擎”，把党的红色文化与德育主题实践相结合，通过主题教育、现场体验、活动实践等方式，实现党建文化、校园文化、学科德育、家校联系的无缝对接，用强大的文化自信架起学校、家庭、社会三位一体的沟通桥梁，力求党建文化有载体、有内容、有实效、有拓展。① 总体而言，这种教育能够给支部的党员和积极分子以精神上的洗礼、思想上的震撼，有助于其坚定理想信念，深化对党的宗旨、理想、初心使命的认识，从而达到通过共建实现红色教育的目的。

需要注意的是，这里的“部队”党支部不仅包括中国人民解放军、武警部队各部队编制内的党组织，由于历史沿革、编制体制、管理待遇等原因，在一段时间之内也适用于国家综合性消防救援队伍（原公安消防部队和原武警森林部队，这两支部队按照深化党和国家机构改革方案的部署于2018年集体转业，划归应急管理部管理，并先后调整组建为按照准军事化标准管理的消防救援专业队伍）的相关党组织。例如，高校学生党支部和驻地某武警中队或消防救援中队党支部建立的共建关系，也应当纳入与部队党组织开展共建活动的范围进行分析研究。

（三）高校基层党支部共建模式概述

类似于党建工作的发展，高等学校党组织开展的支部共建也具有一定的特点和规律，可以归纳为不同的发展模式。而研究高校党支部共建模式，首先要明确高校党支部共建模式的基本概念和重要性。

① 吴其林．做好学校党建与教育教学的深度融合［J］．人民教育，2018（17）：8.

1. 高校党支部共建模式的含义和特征

上文指出，高校党支部共建是指参与共建的两个或者多个党支部（党组织）当中，至少有一个党支部的所在单位属于高等学校系统的支部共建。而高校党支部共建的模式，则是指参与共建的双方或者多方开展党的建设的活动的具体模式，具有具体性、开放性和导向性的特征。

高校党支部共建模式的具体性，是指高校党支部共建模式是一个很微观也很具体的概念。在理论构建的过程中不需要大量的经验案例，可能只需几个案例甚至单个案例即可支撑起一种共建模式并总结出相关的经验做法。相应的，一种共建模式及其经验教训也可能仅能对几个甚至一个党组织具有参考和借鉴意义，其他多数党组织无法复制和借鉴其成功经验。而高校党支部共建类型则是从宏观层面将高校党支部共建可能存在的全部情况统一归纳概括为几个大类并加以研究，具有高度的概括性、凝练性。

高校党支部共建模式的开放性，是指不同于高校党支部共建类型已经囊括了高校党支部共建可能存在的全部种类，短时间内不会再有太大的变化。而高校党支部共建模式是任何一个或几个党组织在实践中探索并总结出来的支部共建的成功案例。共建模式的数量是随着一个个高等学校党支部共建实践的具体案例的经验总结而不断增加的，且未来还将继续增加。

高校党支部共建模式的导向性，是指支部共建作为支部建设的重要组成部分，其性质毫无疑问是严肃的、具有目的性和指向性的。支部之间的共建关系不是随随便便建立的，其本质上一定是某一方党组织希望达到一种或多种目的，从而引导一方或双方建立共建关系。从共建参与方的角度来说，支部共建取得的成果应当是对共建双方都是有益的，至少对其中一方党组织有积极意义，否则共建的意义和必要性就不存在了。

总的来说，高校党支部共建模式的具体性决定了模式名称的多样性。高校党支部共建模式的开放性决定了其无法完全概括，只能随着实践的发展而不断总结。高校党支部共建模式的导向性则是对模式进行分类研究的重要依据。

2. 高校党支部共建模式的重要性

党的十九大报告强调，在中国特色社会主义进入新时代的背景下、在全面从严治党的新形势下，基层党建工作要坚持严实标准，提高基层党组织建设质量，把基层党组织锻造得更加坚强有力。习近平总书记非常重视高等学校的基层党组织建设，提出了高等学校要“不断创新机制，改进工作方式，提高党的基层组织做思想政治工作的能力”的相关要求。① 而提高基层党组织的做思想政治工作的能力，就需要改进和加强基层党组织的党建工作，要“紧密结合学校实际和党员群体特点开展组织生活创新，不断提高组织生活的吸引力和实效性”②。可以说，高校基层党组织的党建工作的开展方式和水平直接影响到高校整个党组织的影响力、凝聚力和战斗力。而支部共建本身就是高校基层党组织拓展党建工作的重要途径之一，对党员个人素养和党支部队伍整体素质具有较好的提升作用。因此，选择、研究、构建、创新高校党支部共建模式，发挥高校基层党支部的战斗堡垒作用的重要性和迫切性就比过去更加突出。

3. 高校党支部共建模式的构建

选择、研究、构建和创新高校党支部共建模式，应当注重从以下四

---

① 把思想政治工作贯穿教育教学全过程 开创我国高等教育事业发展新局面［N］. 人民日报，2016－12－09.

② 安徽省委组织部. 中共安徽省委组织部关于推进基层党组织标准化建设的意见［EB/OL］. http：//www. hsxfw. gov. cn/news. php？id＝10083，2017－01－09.

个方面入手来总结经验。

（1）明确职责要求和指导思想

关于高校党支部的职责对开展共建的要求可以从以下两个方面展开。首先，从党支部角度而言，“党支部是党的基础组织，是党在社会基层组织中的战斗堡垒，是党的全部工作和战斗力的基础，担负直接教育党员、管理党员、监督党员和组织群众、宣传群众、凝聚群众、服务群众的职责”①。其次，从高等学校的党支部角度而言，党支部要注重落实高校“立德树人”根本任务和发挥高校职能，真正为学校教育事业发展起促进作用。

研究和构建高校党支部共建模式，发展和创新党建工作必须以马克思列宁主义、毛泽东思想、邓小平理论、“三个代表”重要思想、科学发展观、习近平新时代中国特色社会主义思想为指导思想，深入贯彻落实党的十九大精神和习近平总书记有关高等学校的系列重要讲话精神，将党的政治建设置于根本性建设的高度，坚持和加强党的全面领导。同时结合高等学校党组织的地位、职能、任务和特点，切实履行好高校党组织职能，加强高等学校的基层党组织建设工作。

（2）确定共建目的

支部共建作为党组织的活动，具有明确的目的性和指向性。在选择建立共建关系的党组织或确定开展共建活动的内容、形式之前的首要工作就是明确本支部希望在共建当中达成什么目的，支部党员取得哪方面的进步，支部党建工作能够得到怎样的提升。这样才能保证共建关系的确立和共建活动的开展能够取得实效，达到预期的目标，以避免共建活动流于形式、浪费资源。

《中国共产党支部工作条例（试行）》规定了党支部关于“宣传和

---

① 中国共产党支部工作条例（试行）[J].2018-11.

贯彻落实党的理论和路线方针政策，宣传和执行党中央、上级党组织及本党支部的决议”等八项基本任务。《中共教育部党组关于加强普通高等学校基层党组织建设的意见》《中国共产党普通高等学校基层组织工作条例》等相关条例和文件均从不同角度为确定支部共建的目的和导向给予了相关的指导。高校基层党支部可以以上述条例和文件为依据，对照支部自身情况开展检查，以创先争优、加强交流、改进不足等方向作为落脚点，进而明确开展支部共建的目的。

在明确己方党支部在共建当中的预期目标之后，也要积极考虑己方作为高校基层党支部，能够在共建活动中做些什么工作，能够为另一方提供哪些方面的支持，能促进其在党务或者业务方面取得哪方面的提升。在这个过程中应当和共建的另一方加强交流和协调，以明确双方的共同需求、共同目标，争取在共建活动中共同进步，互利共赢。

（3）在实践中检验和发展

构建理论的根本目的是为了指导实践，“科学的理论对实践具有先导作用、预见作用、指导作用，理论指导实践的过程也是理论自身不断得到检验和发展的过程”①。因此，选择已有的共建模式或者探索出的新的共建模式是否适用于某个个体或者群体，一定要经过共建实践过程的探索和检验才能得到验证。按照某种特定的模式开展共建，是否能够使共建的某一方或者双方在某一方面有所收获？是否取得了实效或者是否达到了预期目标？对于在前期准备当中考虑到的问题和未考虑到的问题是否能够解决？有没有更节约某一方面资源的共建方案？这需要我们在共建进行的过程中根据多方面因素随时进行调整和改进，以求得共建效果的最大化和问题、失误的最小化。

---

① 韩振峰．科学理论的价值在于指导实践［J］．人民论坛，2019（S1）：18－21.

(4) 及时总结经验和成果

对共建活动当中的经验成果进行及时的分析和总结，是这一次共建活动整个环节的最后一环，也是在为支部下一阶段工作和下一次党建共建活动打好基础。共建活动结束后，共建活动的组织者，即党支部的负责同志应当及时召开会议，和参与活动的部分或者全部人员一起对共建活动当中党员个人取得的收获、支部建设取得的积极成果、有无理论和实践方面的创新、存在的不足或问题、应当改进的地方、暴露出的问题和失误、是否存在形式主义、官僚主义的问题等进行总结。党支部要坚持好的做法，改变行不通的做法，群策群力总结经验、改进不足、吸取教训，使整个共建活动有输入、有输出，形成一个完整的闭环。如果在这个过程中对共建模式能够有所创新，更要做好理论上的经验总结和宣传推广工作，为更多基层党组织的党建工作和共建工作提供参考。

（四）高校基层党支部共建模式分析

通常情况下，高等学校党支部之间或与其他类型党支部建立共建关系的模式导向包括但不限于以下六个方面：

1. 以理论学习为导向

以理论学习为导向，即共建关系的一方以加强党的理论学习、提升支部党员的理论水平为目的与另一党支部建立的共建关系。在这种情况下，共建关系中的至少一方通常具有如下特征：支部整体理论水平和政治素质较强，党员队伍建设到位；或是支部所在单位以理论学习、理论研究或党的组织、宣传、统战、纪检等专职党务工作为本职工作。

通常来讲，高等学校的党政部门专职从事党务政务工作，党员比例较高，其党员整体理论水平和党员队伍建设水平也会高于下属的学院系部、直属单位等教学单位和业务部门的党组织。以改进和提升理论学习为目的开展支部共建活动，自然要优先考虑理论水平高于自身的党支部，这是人之常情，也是出于自身实际情况的最优选择。但实际当中很难遇到这种理想情况，理论水平相近的党支部通过共建共同加强党的理论学习在实际中也非常普遍，这种情况也更应当被关注和支持。

随着党中央对高校思想政治教育和高校思政课的重视程度不断提升，大部分高校从2016年起相继成立或在原有的院系基础上改建、扩建了马克思主义学院，组建了一批高素质的专职和兼职思政课教师队伍，具备相关条件的院校还招收、培养了一批优秀的马克思主义理论专业研究生。在此背景下，这种情况在高校中就会更加常见。例如，同一所高校当中的理学院学生党支部与马克思主义学院学生党支部、理学院教师党支部与机关党委下属党支部之间的共建，就是以理论学习为导向建立的共建关系。

2. 以党建合作为导向

以党建合作为导向，即共建关系的一方以加强党的建设为目的建立的共建关系。这种情况下，通常是其中一方党支部的党建工作面临一些困难或挑战，或者工作已经相对到位，但是希望能够在此基础上再取得一些成绩，向优秀党支部的行列迈进。因此，面临这种情况的党支部就会选择与党建工作相对完善、已经取得一定成绩的党支部开展共建，在共建中实现自身党的建设水平的优化提升。

不同于以促进学习为导向，以党建合作为导向建立的共建关系并不一定需要某一方党支部具有党政理论方面的学科背景或工作经历，更常见的是双方在党建工作的水平和取得的成绩方面具有一定差距，且较薄弱一方向另一方学习“取经”、积极靠拢。例如，某高校当中的某一党支部与某党建工作样板党支部建立共建关系，就属于这种导向。

同时，根据对已有的案例进行分析，在实际情况中也存在一些特殊的情况。即一些基层党支部的工作已经相对成熟、到位，但由于党员人数不足、党建工作面临资源有限等客观条件的限制，也会和其他党支部以支部共建的形式开展党建活动。尽管此类活动并不全部都是以共建的名义进行，但实际上已经构成了一种共建关系。这种共建关系可能短期存在，也可能长期保持。

3. 以业务合作为导向

以业务合作为导向，即共建关系的一方以加强同另一方的具体业务工作（包括但不仅限于中心工作）方面的合作为目的建立的共建关系。共建双方或多方就自身某一项或多项具体工作开展支部共建，在开展共建的过程中增加相互交流的机会、增进相互了解的程度，即通过党组织的共建来带动双方所在部门或团队的建设，从而促进在业务工作上的合作。这种合作可以设置一个特定的主题，也可以不设置主题而进行较为宽泛的交流合作。这是当前高等学校开展党支部共建当中较为普遍的一种导向。以支部共建为基础促进业务交流与合作，能够促进高等学校对人才的培养更贴近社会需求，为师生提供接触和深入社会的前沿阵地，为学生提供专业对口、针对性强的锻炼机会。

不同于一般的单位组织之间的业务合作，以业务合作为导向的支部共建本质上是以党组织为主体进行的，在这个过程中，党员和党组织的交流、互动发挥着不可替代的作用并贯穿共建活动全过程。同时更突出以党支部的共建来带动和促进双方自身建设和合作的加强。实际当中，以促进业务合作为导向而开展共建活动的党支部，通常要求党组织在单位中具有一定的覆盖面和影响力，如两所高等学校、高等学校与机关单位、高等学校与国有企业开展的共建等。

需要注意的是，一般认为中心工作是本单位业务工作中处于核心地位的工作，即业务工作的一部分，但重要性高于业务工作。因此以促进加强中心工作为目的，也应当包括在内。

4. 以资源共享为导向

以资源共享为导向，即共建关系的双方以将己方单位所拥有的某种形式的优势资源与另一方单位进行交换和共享，通过节约资源或对资源的调配整合以达到效率最大化等目的建立的共建关系。这种共建关系通常建立在至少一方拥有一定程度排他性的资源，且这种资源无法或者不能完全由市场进行配置和交易的基础上，同时根据双方需要伴随着单向或双向的人员、资源的流动。例如，高等学校的教育资源和高素质人才资源、文博单位或相关研究机构的文献档案资源、技术型企业的软硬件资源等。

以资源共享为导向在支部共建的具体实践当中较为常见，包括单方面的资源共享和双方共享、多方共享等情况。单方共享多见于一方党组织来自基层单位、偏远地区等，即在获取资源方面具有一定困难。需要通过支部共建的形式获取更多的资源以促进支部建设和发展。双方共享、多方共享更常见于某种平台的共享，如双方或多方党组织的所在单位具有人才培养、就业等方面的平台资源，并通过共建活动建立双方共享平台资源的机制，使得双方或多方党组织都能够获取己方所需资源，并在某一方面有所提升的模式。但是，以资源共享为导向的共建对双方的思想觉悟水平有一定的要求。不论是哪一方的党支部，都要端正思想，站稳立场。要坚决防止“大利大干、小利小干、无利不干”“共享别人的资源可以、分享自己的资源不行”等不良倾向，以维护和促进共建关系的长久保持。

就高等学校党支部共建来说，这两种模式的支部共建都相对常见。就单方面的资源共享来说，高校党支部与基层组织党支部开展共建，能够促进基层党组织获取更多教育资源和高素质人才资源。就双方或多方资源共享来说，高校党支部与企业党支部、文博单位党支部、就业部门党支部开展共建，有助于高校建立学习实践基地、促进学生素质拓展、拓宽学生就业渠道等，相关单位也能够优先获取高等学校的高素质人才资源。总的来说，这是一种常见且能够提升资源利用效率的共建模式。

5. 以联系基层为导向

以联系基层为导向的概念较为宽泛，大致包括三种情况。一是行政级别较高的单位与行政级别较低的单位的党组织之间建立的共建关系；二是同一单位内部的机关单位和直属单位、派出单位的党组织之间建立的共建关系；三是党政机关、事业单位、大型企业、人民团体中的党组织和社区、乡村基层自治组织的党组织之间建立的共建关系。总的来说，共建中的一方相对于另一方处于基层位置，就有可能符合这种导向。对于高校党组织共建的实际情况来说，联系基层也是一种相对常见的共建模式导向。例如，高等学校内部的机关党支部和学院系部的学生、教师、后勤党支部开展共建，国家部委中的党支部与高校基层党支部开展共建，高校基层党支部与某村、某社区开展共建等。

以联系基层为导向的共建，对内来说有助于上级部门更好地了解基层实际情况，指导和督促基层工作的改进和发展，解决基层存在的实际问题等，同时也为基层向上级部门学习“取经”创造了渠道，能够激发基层部门改进工作的内生动力；对外来说有助于高等学校的师生党员增加对中国社会基层情况的了解和认识。高等学校与基层单位共建学生实习实践基地，将学习、科研工作与社会基层实际联系在一起，能够促进他们的学习教学、科学研究等工作更加贴近基层实际，更加符合社会需要。学生在参与共建的过程中也获得了良好的实习、实践场所，这有利于他们提升专业素养、适应社会需求。同时，新时代背景下，基层治理的广度和难度都在日益提升。基层单位也需要大量的高水平专业人才参与社区乡村的社会管理服务工作。大量的高素质人才走进基层参与共建，也为基层党组织工作的改善和提升提供了一定的人才保障和知识保障。

6. 以结对帮扶为导向

以结对帮扶为导向，即一方党组织秉持帮助扶持、不求回报的目的对某个特定单位、组织、地区及其有关党组织开展援助和帮扶活动而建立的共建关系。在这种共建关系当中，开展帮扶的党组织所在单位自身需要在资金、物资、人员、技术、政策等方面具有一定的优势，并且能够在自身业务工作和党组织建设工作保持正常运转的前提下对帮扶单位及其党组织开展不求回报的援助和帮扶工作。

结对帮扶是党和人民在实践中探索出来的一种先进带动后进、优势覆盖劣势的促进学习、工作、生活和各方面事业建设的有效方式，能够充分体现社会主义制度优越性。这种方式被广泛地应用于各级各地党政机关、人民团体、企事业单位对困难地区、基层组织和困难家庭、个人的援助当中。党的十九大以来，面对全面建成小康社会，坚决打赢脱贫攻坚战的时代使命，全党、全国、全社会都在通过不同形式为精准扶贫、精准脱贫贡献力量。在此背景下，这种结对帮扶的模式也就被更广泛地应用到了各级各类党组织的精准脱贫工作当中，这其中自然也包括高等学校。

高等学校党组织开展以结对帮扶为导向的共建活动，除了针对被帮扶一方的实际困难展开相应的援助以外，更多应当注意如何能够在帮扶工作中充分发挥自身的优势和特长，通过能够充分显现有高等学校特色的方式，使帮扶对象自身的某方面能力、专长获得改善和提升，并以此激发其脱贫的内生动力。这里的优势和特长既包括高等学校一般共有的特点，如学生、教师、科研人员的数量和质量优势，也包括特定的高等学校所特有的区位、类型、优势学科等，如农林类高校，工程类专业等。

二、高校基层党支部共建模式构建

高校党支部共建具有优势互补、资源共享、合作共进的特点和优势，是高校深化履行自身职能和使命、加强基层党组织建设、提升党员队伍素质的必然要求和重要实践途径。高校基层党支部共建模式构建需遵循以下四个方面。

（一）根据实际需求确定共建模式

高校党支部的共建模式是具体的、开放的，任何一个或多个高等学校党组织在支部共建方面的成功经验都可以被总结为一种具体模式。因此，高校党支部在开展共建工作时，可以根据自身建设规划和实际需求选择适当的共建模式以开展共建，不要生搬硬套既定模式。更可以在既有模式无法满足自身需求的时候，在坚持党建工作正确方向的前提下，自行探索新的共建模式或者在已有模式的基础上改进发展出适合自身情况的新的模式。

（二）充分发挥共建模式的导向作用

从党员角度和党支部角度而言，开展共建的党支部可以通过表彰优秀党员、树立模范典型，从思想引领的角度推进支部工作，带动组织发展。通过策划组织开展一系列共建活动，发掘出一批优秀的后备力量，联合表彰优秀党员，通过树立典型，进一步增强党员的荣誉感和使命感，激励党员当先锋、做表率，引导党支部形成你追我赶、争先创优的学习工作氛围，从而带动整个党组织发展。① 从党支部共建角度而言，在充分的实践探索之后，对优秀的高校党支部共建模式与案例进行总结推广，对全国范围内的高校党支部共建模式构建非常有借鉴意义。这样既鼓励了模范党支部，增强其继续深入推进共建工作的积极性和热情，又为其他开展共建的党支部树立良好典型，激发各个党支部的创造性，形成奋勇争先的良好党建氛围，从而推进基层党组织的建设，进一步推动党建质量的提升。

（三）积极发挥团队在共建中的作用

不论是对于基层党支部还是更高级别的党组织，共建都不会是一两个人的个体活动。多数情况下，共建双方都希望共建活动的影响力能够覆盖本单位内部更广阔的群体。而受人员理论素养，专业程度、经验水平等因素影响，一些涉及党务工作、具体业务工作和科研方面的工作的交流与合作更需要有党务经验、专业背景的党员或群众参与。因此共建双方组建专门的团队开展共建相关工作就成了行之有效的模式。

具体到高等学校党组织开展共建的具体情况当中，“团队模式”较为常见的应用于与高校外部的研究机构、科技企业、机关单位和基层组织等开展共建。例如，针对共建一方的实际情况和需求，高校党组织组建相关的调研团队，根据共建方的实际情况和需求进行调研活动。调研团队的组建、师生开展研究的方向和着力点可以充分结合高等学校的自身发展定位、人才培养目标、优势学科方向和相关专业特点。调研团队可以确立相关的研究方向，并积极申报相关的调研课题。在这个过程

① 汪茜．“校企合作”背景下基层党组织结对共建的探索与实践——以长沙民政职业技术学院为例［J］．现代交际，2018（02）：41－42.

中，高校调研团队可以经常性地到共建单位展开走访调研，在加强双方的了解和交流的过程中积极开展相关具体业务工作，争取在共建合作中获取准确、详细的一手资料数据。在取得相关成果和结论的同时及时将相关研究成果反馈给共建单位，为其业务工作的改进提供参考和依据，促进课题研究成果的转化。

（四）在实践中探索共建的新模式

新时代背景下，高等学校党建工作既有不变的任务和使命，又要面临一系列新的问题与挑战。在实际工作中，一方面任何党组织都很难遇到可以直接照搬照抄且行之有效的共建模式范例，另一方面在党建工作中有所创新是各个党组织都在追求的成绩和目标。因此，对既有的模式针对具体情况进行改进创新，形成自己创造出的新模式，是探索高校基层党支部共建模式的有效途径。在探索新模式的过程中，高校基层党组织要强化使命担当，敢于涉险滩、闯难关，敢于趟路子、辟新径，走出符合高校党支部建设工作发展和提升要求的新路子。在新模式经过实践检验后要及时总结和分享经验，为其他的高校党支部开展共建工作、组织共建活动做参考。

三、高校基层党支部共建模式的应用

本节通过选取笔者所在的北京林业大学对高校党支部共建模式的实践探索与其他高等学校对党支部共建模式的实践探索的具体案例，对案例片段进行介绍，展现高校基层党支部共建模式的应用。

（一）北京林业大学基层党支部共建模式的实践探索

1. 北京林业大学马克思主义学院与居庸关村开展的共建活动

（1）共建背景与目的

党的十九大报告中，“生态”一词共出现42次，生态文明建设被纳入“五位一体”总体布局当中，生态文明建设事业的重要性被提升到了前所未有的战略高度。习近平总书记也高度重视生态文明建设，以习近平同志为核心的党中央做出的一系列顶层设计、制度安排和决策部署，为我们建设美丽中国提供了根本遵循。为把“两学一做”学习教育工作引向深入，推动“幸福家园和美丽乡村”建设，推进高校与乡村在党的建设和生态文明建设等方面协同创新，北京林业大学马克思主义学院党总支结合自身特色与优势，与北京市昌平区南口镇居庸关村党支部结为共建单位，开展“共建生态文明教育”活动。

该共建旨在为当地村民培育保护生态环境、发展生态文明、建设美丽乡村的理念，促进当地形成科学的生态价值观，促进村民发展生态产业、养成生态消费的习惯，形成“生态文明人人爱，生态好了大家好”的良好氛围，合力打造“幸福家园”和“美丽乡村”。在此过程中，马克思主义学院按照“互学、互帮、互促”的共建原则，充分发挥学科和专业优势，帮助居庸关村凝练村史村志，突出红色历史、挖掘绿色潜力，提升当地生态品牌的影响力和知名度，促进村镇整体实力提升。同时，居庸关村广阔的实践空间也给马克思主义学院教师和学生提供了高质量的研究实践基地，对促进马克思主义学院生态文明研究水平的提升具有重要作用。双方共建主要围绕以下内容和目标展开：

一是服务生态文明建设。充分发挥马克思主义学院专业教师在生态文明研究、教育及农村经济建设研究方面的优势，开展专题讲座，提升村民发展生态旅游及养生餐饮方面的专业知识水平，提高村民整体素质。

二是服务乡村文化传承与创新。大力支持居庸关村开展村史村志凝练和编撰工作，突出居庸关村的历史和文化特点，帮助居庸关村设计、规划好现有的生态旅游景点，增强景点的文化属性，提升竞争力、吸引力和知名度，建设生态旅游强村。

三是服务党员教育培训。依托马克思主义学院“两学一做”思政课教师宣讲团的专业优势及居庸关村优质的生态资源，共建党员教育实践基地，在做好双方党员教育和培养的基础上，可以合力打造面向社会的党员教育基地，在创造经济效益的同时，也充分发挥双方党支部的社会效益。

（2）共建活动内容与成果

在学院党委的支持下，马克思主义学院研究生党支部于 2018 年 7 月与居庸关村党支部开展了为期一周的主题为“调研得真知、宣讲促实干”的共建活动。活动以调查、研究当地生态文明建设情况、宣传国家有关生态文明建设的政策方针为目的，主要内容为开展实地调研，对村民的生态文明素养展开调查，并相应地开展理论宣讲，为村民普及生态文明知识和国家创新发展战略。具体内容如下：

一是开展实地调研，调查村民生态文明素养。党支部前期查阅了大量的文献资料并进行了 5 次专题研讨学习，结合居庸关村具体情况，设计了题为“居庸关村民生态文明意识状况调查”的问卷。党支部通过发放问卷、访谈走访等形式，在居庸关村进行了为期 3 天的实践调研。期间共走访了三十多户种植户、十多个商铺以及两个养殖农场，得到了 201 份有效调查问卷与 18 份深度访谈报告。实践调研结束后，团队成员对调查问卷进行了全面的分析，同时结合访谈内容撰写了详细的调研报告，深入地了解到了当地村民对现有生态环境保护、生态文明建设的理解和认知程度，从而将实践内容转化为理论成果。

二是开展理论宣讲，宣传生态文明知识和国家创新发展战略。党支部中负责理论宣讲的成员契合实践主题，紧扣十九大精神以及习近平新时代中国特色社会主义思想，以居庸关村党支部为依托，面向当地一百多名村民开展了两次理论宣讲活动，主题分别为“生态文明建设：功在当代、利在千秋”和“乡村振兴战略与生态创新”。宣讲结合了居庸关村的具体情况，从生态环境出现了什么问题、党和政府对生态环境问题的解决方案以及如何成为生态公民这三个方面介绍了应该如何面对当前面临的生态困境，为居庸关村以后该如何加强生态文明建设提出了切实有效的建议。并就十九大报告中提出的乡村振兴战略与国家创新驱动发展战略进行了深入探讨，为居庸关村村“两委”更加深刻地领会我国乡村振兴的总要求、创新工作思路、更好地开展下一步的乡村振兴工作起到一定作用。会上，来自居庸关村党支部的两位党员代表也结合个人的工作经历对宣讲的内容做了进一步的阐释和深化。通过理论宣讲，有效提升了当地村民的理论素养，为大学生服务社会起到了示范作用，真正实现了理论来源于实践并回归于实践。

在双方党组织的共同努力和研究生党支部成员的努力下，共建活动取得了良好的效果和丰硕的成果。一是在实践活动结束后总结撰写了涵盖共建活动全过程的成果汇编集，共计一万余字。二是对发放的问卷进行整理、分析和研究，根据研究结果完成了问卷的统计及数据分析，撰写了五千余字的调研报告。三是对共建活动的目的、时间、经过、效果等进行了汇总，形成了活动总结的文字资料，并整理保存了五百多张实践照片和五分钟的活动视频等多媒体资料。四是将实践活动的动态和成果通过微信公众号“北林马院”、北林马院网站等渠道进行了动态呈现和实时报道。

（3）党支部共建成果

在共建活动中，实践团队在居庸关村进行参观，开展调研和宣讲活动，圆满地完成了实践任务。同学们结合当地居民的生活实际，用基层群众喜闻乐见的方式进行红色宣讲，一方面能够很好地发挥学校与专业优势，提升自身综合素质，让理论更好地应用于实际；另一方面也为基层群众普及生态文明以及乡村振兴知识，为提高人民环保意识和促进农村建设尽了自己的绵薄之力。通过实地走访、问卷调查、访谈等方式，学生党员深入农村，了解了居庸关村村民对生态环境保护、生态文明建设、乡村振兴政策的理解和认知程度，并对调研结果进行数据分析，撰写调研报告，为居庸关村生态文明建设提出专业性的建议。在参观的过程中，同学们也深入地了解了祖国改革开放四十多年来创新发展的诸多新成果，鼓舞了同学们积极投身于中国特色社会主义伟大实践的热情，真正实现了“调研得真知，宣讲促实干”。活动结束后，同学们的表现受到了居庸关村党支部和当地百姓的一致好评，充分展现出大学生党员志愿服务于社会、服务于乡村振兴的精神风貌，展现出马院学子“姓马”的本质与“信马”“行马”“用马”的矢志不渝的追求。

2. 北京林业大学马克思主义学院与海淀区万寿路街道、丰台区大红门街道开展的共建活动

（1）共建背景与目的

为贯彻落实习近平总书记系列重要讲话精神，推进高校与地方在党的建设和社会发展等方面协同创新，北京林业大学马克思主义学院党总支先后与海淀区万寿路街道党工委、丰台区大红门街道党工委本着相互

支持、相互学习的原则结成共建单位，以期在共建中发挥北京林业大学马克思主义学院的专业优势和万寿路街道、大红门街道的资源优势，让社区居民更多地了解和参与社区治理，为高校马克思主义学院师生提供思想政治教育和基层党建研究提供实践平台及资源支持。

目前，关于社会基层治理方面的研究已经非常丰富，但是关于公众参与基层社会治理，特别是社区居民参与本地区基层治理的研究尚显不足。基于此，北京林业大学马克思主义学院于 2019 年暑假期间组建了“啾啾青马”实践团，与共建单位万寿路街道、大红门街道共同开展了专题实践调研活动，立足于共建单位的社区居民的实际情况，对社区居民是否愿意参与、是否真正参与、如何参与基层社会治理等情况进行了深入的实践探究。

“啾啾青马”暑期社会实践团由北京林业大学马克思主义学院的院领导、专职组织员和辅导员、研究生党员和积极分子组成，利用暑期课余时间开展了包括基层党组织共建、参观学习、专题调研在内的多项活动。实践团以习近平新时代中国特色社会主义思想为指导，贯彻落实全国教育大会、全国高校思想政治工作会议精神，在共建活动中深入基层一线认识国情、了解社会，并深刻感受我国社区层面的基层治理的变迁与发展。同时在活动中展现青年马克思主义者的作为，以自己的理论知识服务于基层治理，为社区党组织工作提供科学、客观的调研成果，用实践行动为服务社区贡献力量。

（2）共建活动内容

一是访谈活动。共建实践团成员对社区部分居民围绕建国 70 年来从社区到祖国的发展变化的体会，进行了简单的采访。访谈收集了社区居民对社区街道的变化发展、北京市的市容市貌的巨大变化与新中国成立 70 周年以来的社会风貌的变化历程，以及居民对此的看法和体会。

访谈收集的观点作为居民最直观的体会，为下一步开展问卷和调研提供了方向性的指示，也使实践团成员对上述内容有了不同角度的、更直观的认识。

二是交流座谈。共建实践团先后与社区居民代表、社区党组织（居委会）工作人员进行了座谈。社区居民代表表示，社区自飘着木屑的林场改建以来，从无到有，从有到优，取得了一系列可喜的进步。其中最明显的当属环境变化。脏乱差的问题得以解决，生活环境水平明显改善。而所有的成绩都离不开社区党组织和居委会的工作。情真意切的表达感染了实践团的每一位成员，成员们认识到基层党建带给人民的满足感与幸福感。社区工作人员围绕基层社区工作的经验做法、今昔生活的变化、自身工作角色中的体会进行座谈交流。社区党组织工作人员谈到，现在的社区工作者呈现知识化、年轻化和专业化的态势，学历、工作水平与效率相较之前有了很大提升。社区在基层党建中要起到上传下达的作用，宣传到位、执行到位，从大众化服务转向微自治方向发展，调动更多居民参与自治。

三是理论宣讲。共建实践团中的党员大多数为北京林业大学“生态文明”博士生讲师团马克思主义理论分团的讲师，他们在校期间开展过多场理论宣讲活动，实战经验丰富。本次共建活动，团队成员将前期走访参观、调研访谈的成果融入理论宣讲之中，为基层社区街道与党团组织举办了多场理论宣讲，力求将 70 年来从社区到国家的各个方面的发展历程宣传出去，让更多的社区居民了解党和国家的发展战略和宏伟蓝图，了解祖国的发展腾飞。

四是问卷调查。实践团在万寿路街道、大红门街道向居民发放关于自己周边生活变化以及对基层社区建设等方面内容的调查问卷。问卷共计发放 200 份，以获取社区居民对于自身所在社区和街道各方面建设的观点和想法。并在共建活动结束后根据调研情况进行研究和分析，撰写了7063字的数据分析报告，提出相关建议并反馈给街道社区。

（3）党支部共建的成果

实践团开展的系列活动深入挖掘、记录、整理、展示、宣传了新中国成立70年来的伟大变迁，深切感受了基层人民参与基层自治与新中国建设的奋斗历程、感人事迹和真实感悟。在基层党组织共建实践中，坚定“四个自信”，增强“四个意识”，加深北林学子与社区居民对中国共产党的领导和中国特色社会主义的思想认同、情感认同、价值认同，并以实际行动献礼新中国成立70周年。

本次关于基层社会治理的调查研究认为，样本社区的居民对于自身社区公共事务具有较高的参与意识，但部分群众对基层社会治理的认知还存在一些不足之处。普通群众对于基层社会治理的主动性还有待进一步提升。对于性别、受教育程度、政治面貌方面不同的居民在基层社会治理的态度和表现上也存在较为明显的差异性。基于对本次调查研究结果的分析和总结，调研团队为街道、社区提出了几条切实可行的对策建议。

一是加强宣传教育，进一步提高群众基层社会治理的“主人翁”意识。当前基层社会治理存在的一个重要问题就是社区居民对自身的主体性认识不足、主动性发挥不足。对此，首先要加强宣传教育，进一步激发广大群众对基层社会治理的“主人翁”意识。可通过分发宣传单、增设并定期维护宣传栏，组织社区大会（村民大会）等形式，鼓励社区居民积极参与社区公共事务讨论，激发其主动献言献策的积极性。

研究发现，对于基层社会治理事务，退休女性较退休男性的参与意识更高。这就给当前基层社会治理中的“公众参与”提供了一个需要突破的关口：要调动男性群体在基层社会治理中的参与意识。社区和街道的工作人员应当多注意收集男性退休居民的意见建议并视情况采纳，提高他们的参与程度。

二是“线上”与“线下”相结合，丰富基层社会治理的途径和方法。推进基层社会治理，需要不断丰富居民参与公共事务的途径和方法，“线上”和“线下”相结合，发挥协同效应。

在“线上”方面，相关部门要重视发挥“互联网+政务服务”的作用。要探索开发“两微一端”①，建立社区群众联系群组。对利用网络平台参与社区、街道工作有困难的群众，工作人员要有计划地走进群众家中提供帮助，引导社区群众通过手机互联网关注参与社区各项工作。并且定期在“两微一端”平台发布相关工作信息动态，对群众的意见态度给予适时反馈。在“线下”方面，政府要积极探索创新有益于基层社会治理的途径方法。政府部门要重视发挥基层社区中各类社会组织的作用，培育一批与本社区息息相关、能够发挥积极效应的社会组织，鼓励社区群众参与其中，并在政策上给予帮助，在机制和规章制度建设以及活动开展上提供指导。

三是增强基层党组织的凝聚力和号召力，发挥群众党员的作用。办好中国的事情，关键在党；办好社区乡村的事情，关键也在党。要提高基层社会治理的质量和效果，基层党组织就必须在其中发挥应有的作用。同时，要对基层社会中的骨干力量——群众党员的作用给予充分的关注，调动其对于自身社区、街道公共事务的主动性和积极性，助力基层社会治理。一方面，应加强基层党组织的建设。严格规范基层党组织的运行机制和组织方式，完善党组织内部的考核监督机制，保持基层党组织的纯洁性。将定期的政治理论教育与工作技能培训相结合，增强服

① 即政务微博、政务微信和新闻客户端。

务意识，提高业务能力，切实增强基层党组织在基层社会治理中的凝聚力和号召力。另一方面，要发挥党员联系群众的作用。基层社区、街道中的相关部门可采取党员联系普通群众的方法，组织党员深入群众当中，对群众所关注的各项事务予以深入了解，并定期组织党员进行交流讨论，听取普通党员的意见和建议，妥善解决群众所关注的问题。

3. 北京林业大学水土保持学院学生联合党支部与科右前旗远新村党支部的“脱贫攻坚红色1+1”共建活动

（1）共建背景与目的

习近平总书记在谈到打赢脱贫攻坚战时指出，“精准扶贫就是要真扶贫、扶真贫、真脱贫”。自2013年起，北京林业大学按照国务院扶贫办和教育部的有关部署，作为首批参与中央层面扶贫的44所教育部直属高校之一，对口定点帮扶位于大兴安岭南麓山区的内蒙古自治区兴安盟科尔沁右翼前旗（以下简称科右前旗）。

北京林业大学党委高度重视定点扶贫工作，深入学习贯彻习近平总书记关于脱贫攻坚工作有关重要论述，贯彻落实党中央、教育部党组和中共北京市委关于脱贫攻坚工作有关部署要求，把做好定点扶贫作为学校坚持“四个服务”的必由之路，作为扎根中国大地办世界一流林业大学的重要途径，作为检验办学成果、培养锻炼干部、转变工作作风的重要方式，作为重大政治任务和社会责任，下大力气、动真感情、拿硬措施，抓紧抓好抓细抓实。校领导多次带队亲赴前旗考察调研、指导工作、推进帮扶。在此背景下，北京林业大学水土保持学院学生联合党支部（以下简称水保学生党支部）积极响应学校党委号召，与科右前旗远新村党支部实施结对共建，开展助力“脱贫攻坚红色1+1”活动。

（2）共建内容

共建活动从党建引领、科技扶贫、教育扶贫和精准扶贫四方面展开。四个方面的工作主旨明确，各有不同又互相配合，对远新村的脱贫攻坚工作起到了极大的促进作用。

一是党建引领，助力脱贫攻坚。支部党员协助远新村驻村第一书记，在全面总结当地党建工作好经验好做法的基础上，凝练出以“提升基层组织力、提高基层组织化程度”为导向，以“党支部带领党员，党员带动群众”为载体，以“党员发挥示范引领作用，群众发挥示范榜样效应”为抓手的“双提双带双示范”基层党建新模式。

同时，支部党员还参与新型农牧民综合素养提升工程，协助远新村探索建立“两榜一书一训”党建示范项目，筛选出236条家训家风、搜集宣传漫画48幅，草拟“我承诺，我践行”活动倡议书等，积极助力远新村补齐精准脱贫“精神短板”。目前，远新村“抓党建，促脱贫”典型案例和“两榜一书一训”党建示范项目均已成为兴安盟委基层党建标杆，在全盟基层党支部推广。

二是科技扶贫，开拓销售渠道。支部党员调研产业发展实际，深入田间地头，了解当地农产品特性，帮助当地建成“远新种植专业合作社”的淘宝店铺。从跑注册手续，到设计包装；从初步建成网店，到手把手讲解网店运营方法；从线上第一份订单的忐忑不安，到线下5万多订单的意外之喜，“远新种植专业合作社”网店逐步通过“互联网+”模式产业扶助，最终实现社员邱凤琴等贫困户顺利脱贫。

在扶助合作社开展线上销售的同时，水保学生党支部对当地产业情况调研的报告得到了校党委的高度重视，为后续我校开展“农校对接”消费扶贫活动奠定了基础。在随后开展的“农校对接”消费扶贫活动中，北京林业大学首批采购了总价值43.5万元的农特产品。此后，北京林业大学工会连续两年共三次从科右前旗农校对接采购优质农产品，为教职工发放福利。学校后勤食堂也积极采购当地农产品，为学校师生提供了更多样化、更优质的后勤保障。同时，科右前旗也为我校开通了教职工自认购平台，教职工们自发采购的黑豆、黑米、黏豆包、羊肉、鸡肉等优质产品也随着学校工会采购的产品一同进入了校园。学校教职工表示，“农校对接”消费扶贫活动具有重大意义，既丰富了自家的菜篮子，也支持了科右前旗的经济发展。

三是教育扶贫，做到育人育心。习近平总书记强调，“扶贫先扶志，扶贫必扶智”。支部党员在与远新村留守儿童“一对一”辅导交流后，发现留守儿童具有孤僻、叛逆、不想与人交往等特点，便有针对性地开展了心理辅导和深度辅导，想办法让孩子把心里话说出来。其中，留守儿童张恒明在帮助下终于与远在外地务工的父母打电话沟通交流，让家人倍感温暖。此外，两名优秀学生党员还赴当地中学，为 1000 多名学生开展励志教育，解答成长困惑，树立求学信心。

同时，支部党员在与留守儿童交流时，还感受到了他们对外部世界的渴望，对首都北京的向往，留守儿童也用不同形式表达出了希望能走出去看一看的渴望。对此，支部党员主动牵线搭桥，依托北京林业大学附属小学举办为期 8 天的绿色学府与绿色草原“手牵手”体验活动，邀请科右前旗 29 名师生到京参观实践。活动期间，支部成员作为志愿者全程陪同，带领师生到天安门广场、毛主席纪念堂、中国科技馆等地参观学习，感受大学文化氛围，帮助孩子们筑起自强不息、早日成才的“大学梦”。

四是精准扶贫，确保数据翔实。支部党员深入各村，协助包括远新村在内的各驻村第一书记整理优化扶贫户档案和村档案，累计核验 288 户贫困档案并核查其中 7488 项具体内容，并按照不同年份、不同类型的相关目录对 10 个村、120 份村档案进行整理，为精准扶贫提供一手数据资料，为科尔沁镇 2018 年中期扶贫数据动态调整工作奠定了基础。

在成果对接会上，支部党员和10个村的负责人进行一对一成果交接。

（3）党支部共建的成效

从出“校门”到进“村门”，水保学生党支部17名党员、3名积极分子累计服务1520小时，往返10个村行程近2000公里，在思想和行动上真正投身脱贫攻坚国家战略。此次活动受到当地村组织和村民的一致好评，你好前旗青年之声（科右前旗团委宣传机构）、科尔沁时讯、科尔沁镇微讯等多家媒体对活动给予了高度关注并进行了相关报道，科尔沁镇党委专门给学校寄送了感谢信。

脚下沾有多少泥土，心中就沉淀多少真情。他们作为北林学子的优秀代表，践行着“把精彩论文写在祖国大地上”的光荣传统，为远新村贫困村民脱贫致富、村集体党组织建设和人民群众过上美好生活发挥了重要作用。为打赢精准脱贫攻坚战、决胜全面建成小康社会，实现中华民族伟大复兴的中国梦贡献了自己的力量。

同时还要看到，水保学生党支部只是众多服务于科右前旗精准脱贫攻坚战中的北京林业大学广大师生的普通一员。八年来，校党委积极发挥全国最高绿色学府的特色优势、坚持用新发展理念聚焦精准扶贫。截至目前，学校共投入各类帮扶资金超590万元；引入帮扶资金超1426万元，派出挂职干部4人、支教教师20人、支教学生40人赴科右前旗一线服务，组织教授、专家、研究生、本科生赴前旗最边远最贫困的地区开展科技咨询、智力帮扶、志愿服务，总计超385人次；各种形式为科右前旗培训党政干部3400余人次，培训致富带头人、技术人员骨干、农牧业合作社社员2000余人次；设立科技帮扶项目10余项，专项资金超过150万元；学校后勤食堂、工会系统消费采购科右前旗农产品550余万元，通过各种渠道帮助科右前旗销售农产品超过1300万元；先后组织“北林定制新远新”“送乐到草原”“手牵手”“教授服务团”等一系列创新帮扶项目。学校保质保量、超前超额完成了与国务院扶贫办签订的《中央单位定点扶贫责任书》中包括帮扶资金、人员培训、消费扶贫等所有指标任务。2020 年 3 月 10 日，经专项核查评估，兴安盟科尔沁右翼前旗等 20 个国家级贫困旗县正式退出贫困旗县序列。

（二）部分专家学者对高校党支部共建模式的理论探究

1. 以“互联网 +”为基础推进高校学生党支部与教工党支部共建的研究

徐辉、官媚在“互联网 +”的背景下对高校学生党支部与教工党支部共建的相关问题展开了研究。研究表明，在“互联网 +”和全面提高党的建设科学化水平的大背景下，高校学生党支部与教工党支部共建面临着二元结构并行、支部分头建设、互不相干；双方面临优势不能互补，资源不能共享的体制性障碍；支部“规定动作”脱离实际，“自选动作”流于形式，降低学生党员参与党建工作积极性等主要问题①。

对此，他们提出了“互联网 +”背景下高校学生党支部与教工党支部共建的主要内容。即“在‘互联网 +’背景下以人为本，以师生互动为推力，围绕高校中心工作，推进协同共建”，促进师生互动常态化、作用发挥实效化、工作效应长久化。

针对“互联网 +”背景下高校学生党支部与教工党支部共建的具体做法，他们提出了以下实践方案：

（1）支部联动，以党建工作为抓手稳步推进支部共建。包括建立微信、微博、QQ 群等新媒体平台，拓展学习载体，促进学习型党组织建设；党员推“线上”、支部挂“网上”、共建放“云端”，充分利用新

① 徐辉，官媚．“互联网 +”背景下高校学生党支部与教工党支部共建的研究与实践［J］．人才资源开发，2017（08）：64－66.

媒体平台快捷便利优势，实现支部共建的网络化、电子化、便捷化和高效化；支部结对联动，以多媒体技术为支撑，规范开展基础性党团工作；支部协同开展“两学一做”“党建带团建”学习教育；以新思路和新手段谋划和推动党建工作；推进“连心、强基、模范”三大工程，进一步融洽师生关系。

（2）协同共进，支部共建各项工作规范有序。包括落实党建常规工作，加强支部队伍建设和学生干部的选拔培养力度，促进支部共建工作制度化；加强学生支部党建带团建工作，促进学生思想政治工作系统化；立足学生支部创新实践活动，促进支部课外活动的品位化；以助学岗位的资助为重要环节，促进支部贫困生工作贴心化。

研究表明，寻求推进高等院校学生党支部的共建新途径，创建基于网络信息技术的支部共建平台，是“互联网+”背景下推动高校学生党支部及教工党支部共建及加强高校基层党建工作和思想政治教育的有效尝试。

2. 以矩阵式支部共建为特点的高校基层党支部“协同创新”共建研究

何珂、赵阳等以矩阵式支部共建为例，针对高等院校党支部的“协同创新”管理模式展开了研究探索①。研究认为，国内高等院校中的党支部多数依据职能部门设置，呈现“一个部门设置一个党支部”的特点，只有在党员人数不足时才会设置少数“跨部门联合党支部”。因此，各职能部门及其党支部之间就会存在交流和沟通受限，缺乏横向交流的问题。

---

① 何珂，夏景林，赵阳，卢清，李磊．高校党支部“协同创新”管理模式的探索与实践——以矩阵式支部共建为例［J］．辽宁医学院学报（社会科学版），2014，12（03）：108－110.

在此背景下，研究借鉴了企业中的矩阵式组织模式，通过其“事业部制”与“职能制”的组织结构特征能够同时实现的独特之处，依托“项目制”工作组织形式的“矩阵式支部共建”，实现党支部之间“协同创新”的管理理念的创新与实践。研究根据不同类别的职能部门之间合作性质的不同，分别构建了不同的矩阵式支部共建的实践模型。包括职能辅助共建模型、职能交叉共建模型及职能指导共建模型。三种模型根据合作的机构、职能不同分别起到“营造协作氛围，分享协作成果”“增强大局意识，推进流程再造”“强化业务指导，促进思想交流”等不同的作用。

同时，为了实现和促进职能部门间的业务合作和基层党组织的党务交流，研究提出了相关的对策和建议。一是梳理部门职能，优化组织架构。矩阵式支部共建只有建立在职能部门“职能梳理、岗位核定”的基础上才能充分发挥作用、彰显优势。二是培养管理人员，适应高校改革。管理人员需要从“经验管理”向“科学管理”转变，提升管理效率，为矩阵式支部共建奠定群众基础。三是重视项目管理，强化支部共建。应当重视支部共建过程中的项目管理和监督，从更全面的视角评价参与人员，在职能部门间的合作中强化支部共建，营造和谐的合作氛围。四是提供政策保障，加大新闻宣传。对矩阵式支部共建工作中涌现的优秀案例、优秀人物应当加大力度宣传和推广，努力营造有利于矩阵式支部共建的舆论氛围。

研究表明，“矩阵式支部共建”是适应党建工作新形势，符合提升管理水平与服务质量要求的一种创新性党建探索。相关探索能够促进基层党支部发挥教育和引导作用，更好地推进高校广大师生党员适应社会工作需求和高校发展要求。同时打破了广大党务工作者对高校党组织设置和合作的传统认知和固有的思维模式，能够打破职能部门间的壁垒，有利于学生党员和教职工党员立大局意识，为支部共建“协同创新”共同发力。

（三）部分高等学校对高校党支部共建模式的实践探索

1. 高校基层党支部与街道党支部共建推进高校服务社区发展

“十二五”期间，首都体育学院与海淀区北太平庄街道开展合作共建，积极探索高校为社区服务的新途径，取得初步成效。吴国民等以此为基础对高校服务社区工作开展了有关研究①。

该研究认为，首都体育学院与北太平庄街道开展合作共建的成效显著、成果丰硕。主要形式可以概括为以下内容：一是充分发挥体育院校优势，构建具有院校特色的社区公共体育服务体系。具体服务内容包括开展国民体质健康测试、体质健康干预训练、残疾人康复服务、社区健身指导等活动。二是对社区开放部分学校教育资源，搭建社区会共文化服务平台，具体措施包括开放学校课程资源、开放图书信息资源、开放学校文化资源。三是构建校地融合“健康社区”的共建模式。校地双方从学生、教师和基层这三个不同层面的党支部开展合作共建，包括建立学生实习实践基地、教师科研实践基地等。

校地双方上述共建工作为社区的卫生健康、文化体育等方面事业的提升起到了极大的促进作用，同时为学生和教师的学习实践、科学研究提供了广阔的平台，促进了相关科研成果的产生和转化。双方在共建当中促进了交流与融合，“共驻共生、共建共享”“健康社区”氛围初步形成，合作共建模式初显成效。值得注意的是，双方不断探索优势互补的合作共建模式，合力推进了双方的基层党组织建设。包括创新活动形

① 吴国民，李萌，李婷婷．高校开展为社区服务的实践探索研究——以首都体育学院与北太平庄街道合作共建为例［J］．北京教育（高教），2015（05）：51－53.

式和载体，引导大学生服务基层，借助社区力量建设高校思想政治教育的第二课堂。同时，共建活动取得了良好的效果和优异的成绩，包括北京市高校红色“1+1”示范教育活动奖项、教师党支部的基层党组织建设相关理论课题立项等等。

相关研究总结了高等院校开展社区服务的一些基本经验。一是“健全的组织机构和清晰的顶层设计是相关共建项目得以顺利开展并取得成效的前提和保障”。包括成立专门领导机构和指定负责人、联络员等；制定详细的实施方案，形成顶层设计；及时总结经验，探讨未来合作发展的新模式等。二是“学校与社区之间的资源共享、互利共赢是双方合作发展的内在动力”。高等院校拥有的专业技术与掌握技术的高素质人才优势是社区开展教育、体育和文化建设所需要的重要因素；社区治理范围内拥有的数量相当的机关、企事业单位也正是高校开展教学、科研、就业等工作的重要场所。这有利于双方找准工作的结合点，形成资源共享、优势互补、互利共赢的局面。三是“依托体育资源，打造‘健康社区’是合作开展的特色优势”。首都体育学院作为唯一的北京市属体育专业高等院校，其办学特色和专业优势已经决定了学校在打造“健康社区”工作中有着巨大的优势。未来该学校还将更加突出特色，不断推动高等院校社区服务工作向纵深发展。

2. 高校基层党支部与企业党支部共建推进校企合作

汪茜针对如何在新形势下加强和改进高等院校的思想政治工作这一课题，总结了长沙民政职业技术学院开展的高校与企业之间基层党组织结对共建的实践经验并进行了相关研究①。研究表明，在“校企合作”这一模式逐渐常态化、“2+1”工学结合模式成为高等职业教育人才培

① 汪茜．“校企合作”背景下基层党组织结对共建的探索与实践——以长沙民政职业技术学院为例［J］．现代交际，2018（02）：41-42.

养主要模式的背景下，高等职业院校对学生党员和积极分子的在校培养考察时间被严重缩短。为了有效应对由此出现的党员和积极分子无法有效管理、管理要求方式和无法有效发挥作用的情况，该校软件学院党组织与金蝶集团基层党组织自 2016 年起开展了结对共建的相关活动，并在实践中就如何有效建设高校基层党组织以及校企党支部如何共建进行了有益的探索。

在校企双方结对共建当中，学校和企业的党组织从以下方面进行了积极的探索。一是构建校企协同育人平台。通过定期举行支部书记交流学习、党员集体参观学习活动、召开党员相关专题研讨会等方式建立完善的党建联系制度。二是成立临时党支部。由学校派驻企业的教师党员担任支部书记、企业导师党员和实习学生党员担任支部委员，定期召开支部会议。三是树立模范典型、带动组织发展。通过建设后备力量、表彰优秀党员的方式，激励党员当先锋、做表率，促进在党支部内形成争先创优的学习与工作氛围。四是搭建网络平台。即充分运用新媒体平台，通过建立 QQ 群、微信群、微信公众号等方式，定期开展网上组织生活会，畅通学生党建工作交流平台。

实践表明，软件学院党组织与金蝶集团基层党组织开展的结对共建取得了较为显著的成效。首先，保证了高等职业院校基层党组织阵地的延伸，对校外集中实习的党员和积极分子实现了党建工作的全覆盖，有效发挥了党员的模先锋模范作用。最重要的是使在校外实习的学生党员提升了归属感，学生在实习期间的权益也更有保障。其次，党员教师全程参与学生校外实习，对学生做好职业发展规划、适应社会发展、从实习向就业过渡起到了良好的作用，彰显了高等职业院校的德育工作特色。第三，双方开展的结对共建活动为更广泛的支部共建提供了理论与实践思路，有效促进了校企党组织的党建工作层次的提升，有助于校企双方互惠互利、共同发展。第四，结对共建提升了学校科研人员与企业研发人员的交流频次与合作水平，促进了双方在科研方面的合作。合作既能解决了企业发展面临的问题，又促进了学校申报合作项目与课题。此外，双方的结对共建还拓宽了实习生输送的工作思路，促进了学生树立正确的就业观、创业观，实现了学生的100%就业。

该案例是高等职业院校在“校企合作”背景下开展高等院校与企业基层党组织结对共建的典型案例。在双方的共建实践当中，学校党组织实现了对校外实习的学生党员和积极分子的培养发展制度的不断完善，学校和企业也从不同层面实现了对学生和员工的有效的双重管理，基本达到了共建的目的，达到了预期的目标。

3. 高校内部师生党支部结对共建

孙亚忠以武汉理工大学开展的“师生结对支部共建”为主题的支部共建实践探索中对高等学校基层党组织建设现状、“师生结对支部共建”活动的理论依据、方法途径和进行了研究，并总结了活动的初步成效①。

该研究认为，当前高等学校基层党组织建设存在党支部组织结构有待改善、党支部作用发挥有待提高、教师育人作用有待加强等现状。针对上述情况的改进和发展，武汉理工大学在全校党组织范围内广泛开展了“师生结对支部共建”活动，倡议学院各教师党支部按照学科、专业等与学生党支部结对，机关党组织和其它二级党组织根据实际由各学院（部）党组织推荐结对。并在此基础上开展师生党员结对活动，倡导一名教师党员与一名学生党员结对一名学习、生活方面存在困难的学生。同时，学校党委还将教师走访活动与结对共建活动相结合，要求全

① 孙亚忠. 高校“师生结对 支部共建”活动实践探索——以武汉理工大学为例［J］. 科教导刊（上旬刊），2014（08）：79－80.

校教师访谈全校所有学生，并开展相关共建活动。一些学院系部在此之上创新了活动形式，通过“党团共建”“本硕共建”等形式打造了“旗帜领航”工程。

武汉理工大学在全校范围内开展的支部共建及其实践活动丰富了高等院校基层党建工作的模式，促进了教职工党员与学生党员之间的交流与沟通，激发了师生参与学校管理、建设和谐校园的积极性和主动性，有效的丰富了基层党建工作内涵。同时，丰富的共建活动对于学生和教师队伍建设也起到了积极作用。在此背景下，学校涌现出以“中国青年五四奖章”获得者郎坤、“中国大学生自强之星标兵”秦豹、省师德标兵唐新峰教授等为代表的一批优秀学生党员和教师党员。

从武汉理工大学的师生党支部共建实践来看，“师生结对支部共建”能够成为新时代背景下加强党高等院校基层党支部建设的有效载体，能够促使广大学生党员勤奋学习、报效祖国，促使教职工党员为人师表、立德树人。

4. 医学类高校与医院的“校医支部共建”模式实践探索

在全面深化高校和医院的党建共建，建立学校和医院党建共建的长效机制，提升合作水平的背景下，上海 J 医学院某学生党支部与上海市 A 医院医技党支部进行了校医共建为核心的党建共建实探索，并展开了相关研究。① 研究指出，上海 J 医学院面对学生党支部的活动内容形式单一、学生服务意识难以发挥、学生党支部活动与专业结合不足等发展过程中产生的新问题，通过支持学生党支部寻求和医院医技党支部开展系列共建活动，把学校的学生资源和医院的医生、技师资源有效地结合起来，扎实推进支部联创、联学、联建活动，探索出了一条双方均能发

① 孙佳鸣．校医支部共建模式探索研究——以上海 J 医学院与上海市 A 医院党建共建为例［J］．改革与开放，2020（12）：100－103.

挥各自优势的共建长效机制。

按照“以共建促党建，以共建促合作，以共建促发展”的理念，以“支部合作，党建育人”为主要形式，双方开展了主题鲜明、指向明确的共建工作和实践活动。一是以主题党日活动为平台，开展党建共建，互学互访，加强了党支部间的沟通、学习和交流。双方充分发挥各自优势，开展业务交流和社会主义核心价值观教育，同心协力推进党支部建设。二是构建以学生党员为主体的医院志愿者服务平台，成立由学生党员、发展对象、入党积极分子组成的志愿者服务队进行志愿服务。相关活动取得了良好的反响，展现了J医学院学子和学生党员的风采。三是开发学生党员医院专业学习交流平台，利用专业见习、志愿服务，开展实践育人工作。这些对于学生的成长都大有益处，是校医合作、支部共建的重要成果。

上述一系列共建活动，有利于支部发挥各自的优势，进一步推进校医合作产教融合，真正做到以党建促共建，以共建促合作，以共建促发展。共育党员、共建队伍、共享资源、共谋发展，在人才培养、科研合作、教学合作等多方面加深共建内涵，提高共建水平，促进产教融合发展，获得双赢成果。校医双方深度合作，形成了协同创新的“党建+”发展模式，助力校医党建融合发展。

第五章　共建与党支部思想政治工作

高校基层党支部是党组织在高等学校中开展工作的基本单元，是党在高等学校的全部工作和战斗力的基础，是学生党员和教职工党员开展工作的前沿阵地。基层党组织作为高等学校中政治核心作用的发挥者，其思想政治工作开展的规模、水平、深度和广度直接决定了党组织在高等学校中的作用发挥是否到位、有效。高等学校基层党组织必须做好思想政治工作，把思想政治工作贯穿高等学校基层党组织各项工作之中，保证新时代背景下加强党对教育工作的领导，为高等学校校风建设和党的建设、为发展中国特色高等教育事业提供政治保证。

一、党支部思想政治工作概述

习近平强调："高校思想政治工作关系高校培养什么样的人、如何培养人以及为谁培养人这个根本问题。"①《关于加强和改进新形势下高校思想政治工作的意见》指出："加强和改进高校思想政治工作，事关办什么样的大学、怎样办大学的根本问题，事关党对高校的领导，事关

① 把思想政治工作贯穿教育教学全过程 开创我国高等教育事业发展新局面［N］．人民日报，2016－12－09（01）．

中国特色社会主义事业后继有人，是一项重大的政治任务和战略工程。”① 高校思想政治工作的重要地位和作用可见一斑。只有牢固树立思想政治工作生命线意识，充分认识到思想政治工作的重要意义，人们才能足够重视思想政治工作并为此加强顶层设计、出台具体举措、狠抓工作落实，才能使高校党组织特别是基层党支部的思想政治工作取得实实在在的成效。

（一）党支部思想政治工作的制度要求

针对党支部开展思想政治工作，党的章程和党内规章制度都有相关的表述。

党的章程层面，《中国共产党章程》第二章第十八条指出：“党的中央、地方和基层组织，都必须重视党的建设……注意研究党内外的思想政治状况。”第五章第三十二条指出：党的基层组织的基本任务包括“维护群众的正当权利和利益，做好群众的思想政治工作”。党的准则条例层面，《中国共产党党员教育管理工作条例》第四章第十九条指出：“基层党组织应当注重分析党员思想状况和心理状态，党组织负责人应当经常同党员谈心谈话，有针对性地做好思想政治工作。”《中国共产党支部工作条例（试行）》指出党支部的基本任务包括“做好思想政治工作和意识形态工作”“维护群众的正当权利和利益，做好群众的思想政治工作”等。高校基层党支部承担“加强思想政治引领，筑牢学生理想信念根基，落实立德树人根本任务”的重点任务。对受到处分处置以及有不良反映的党员，党支部书记应当有针对性地做好思想政治工作。

① 中共中央国务院印发《关于加强和改进新形势下高校思想政治工作的意见》[N]．人民日报，2017-02-28（01）．

值得注意的是,《中国共产党普通高等学校基层组织工作条例》对高等学校中的思想政治工作做出了多处规定和指导。高等学校党的委员会的主要职责包括“领导学校思想政治工作和德育工作，促进和谐校园建设”，高等学校院（系）级单位党组织的主要职责包括“领导本单位的思想政治工作”，教职工党的支部委员会的主要职责包括“经常听取党员和群众的意见和建议，了解、分析并反映师生员工的思想状况，维护党员和群众的正当权益和利益，有针对性地做好思想政治工作”，大学生党的支部委员会的主要职责包括“积极了解学生的思想状况，经常听取他们的意见和建议，并向有关部门反映。根据青年学生特点，有针对性地做好思想政治教育工作”。思想政治工作方面主要包括“高等学校党的委员会统一领导学校思想政治教育工作”“要发挥行政系统和工会、共青团、学生会等群众组织以及广大教职员工的作用，共同做好思想政治工作”“加强和改进思想政治教育工作，把社会主义核心价值体系教育融入大学生思想政治教育工作和师德师风建设的全过程”“努力拓展新形势下大学生思想政治教育的有效途径”“思想政治工作要理论联系实际”“采取多种方式，增强思想政治工作的针对性、实效性”“高等学校应当将党务工作和思想政治工作以及辅导员队伍建设纳入学校人才队伍建设总体规划，建立一支以专职人员为骨干、专兼职干部结合的党务工作和思想政治工作队伍”。这些详细的要求充分体现了党对高等学校思想政治工作的重视，也说明了高校基层党支部承担的思想政治工作的极端重要性。

（二）思想政治工作对高等学校党组织的重要意义

高等学校党组织的思想政治工作是“党管教育”的重要政治保证。高等学校党组织加强和改进思想政治工作，“事关办什么样的大学、怎样办大学的根本问题，事关党对高校的领导，事关中国特色社会主义事业后继有人，是一项重大的政治任务和战略工程"①。习近平总书记在全国高校思想政治工作会议上指出：高校思想政治工作关系"高校培养什么样的人、如何培养人以及为谁培养人"这个根本问题。"要坚持把立德树人作为中心环节，把思想政治工作贯穿教育教学全过程，实现全程育人、全方位育人，努力开创我国高等教育事业发展新局面。"②因此，从贯彻党对教育工作的领导、确保高等学校办学正确政治方向的视角来看，高等学校党组织必须对思想政治工作具有高度的重视。

高等学校党组织的思想政治工作是大学生成长成才的保障力量。"思想政治工作是以人为对象，解决人的思想、观点、政治立场问题，提高人的思想觉悟的工作。"③ 作为党的工作的重要组成部分，思想政治工作是各行业、各单位实现党的领导的重要途径。而高等学校作为高水平教学和科研人员、高素质学生的聚集地、作为"为党育人、为国育才"的前沿阵地，其思想政治工作的重要性远高于其他类型的党组织。新时代背景下高等学校开展思想政治工作，必须围绕立德树人的中心环节，把思想政治工作贯穿教育教学全过程，为学生解决思想问题、提升政治素养、确立发展方向。

在思想政治工作开展过程中，党支部主要发挥载体作用。众所周知，党支部是由党员组成的群体，是一个组织、单位中的先进分子聚集地。在思想政治工作方面，党支部始终走在前沿，在第一时间了解党和

---

① 中共中央国务院印发《关于加强和改进新形势下高校思想政治工作的意见》[N]．人民日报，2017－02－28（001）．

② 张烁．把思想政治工作贯穿教育教学全过程　开创我国高等教育事业发展新局面 [N]．人民日报，2016－12－09（001）．

③ 郑永廷．把高校思想政治工作贯穿教育教学全过程的若干思考——学习习近平总书记在全国高校思想政治工作会议上的讲话 [J]．思想理论教育，2017（01）：4－9.

国家的路线、方针、政策以及习近平总书记的讲话精神，然后根据实际情况，对目标方向进行明确，将获得的信息传递给群众，以此夯实群众基础，为党组织执政能力的提升提供可靠的保障，促进思想政治工作的顺利开展。①

1. 开展思想政治工作是高等学校各级党组织的重要职责

思想政治工作在高等学校党组织中的地位早已通过《中国共产党普通高等学校基层组织工作条例》被明确为高等学校党组织的职责之一。《中国共产党支部工作条例（试行）》指出，学校党委和院系党总支（分党委）要领导管理范围内的思想政治工作，学生和教职工的党的支部委员会要做好思想政治工作，即“院校领导、基层实施”。习近平总书记在全国教育大会上指出：“思想政治工作是学校各项工作的生命线，各级党委、各级教育主管部门、学校党组织都必须将其紧紧抓在手上。高等学校的思想政治工作关乎办学方向、关乎育人根本，具有丰富而深刻的内涵。”新时代背景下开展思想政治工作，必须紧紧围绕立德树人根本任务，聚焦思想政治工作，牢牢守住高校“生命线”。总而言之，思想政治工作是高等学校各级党组织的重要职责之一，思想政治工作不到位，就是本职工作的缺失。

2. 思想政治工作合格与否是高等学校党建工作的检验标志

高等学校党建工作与思想政治工作都是高等学校党组织长期的重点工作。各大高校党组织均对这两项工作给予了高度重视并将其作为学校建设的基本内容，协调多方面资源和力量予以支持。而对于党的建设来说，中国共产党在新民主主义时期加强自身建设中积累的丰富经验证

---

① 王金生，张启生，赵蕾．加强改进党建思想政治工作　促进学院改革创新发展——我院加强党建思想政治工作促进改革创新发展实践探析［J］．北京市经济管理干部学院学报，2004（2）：5－7.

明，必须把思想建设放在党的建设的首位。新时代以来党中央推进和深化全面从严治党的成功经验也要求我们把党的政治建设摆在首位。这充分体现了思想建设和政治建设在党的建设中的地位和重要性。而党组织的思想政治工作能力和水平则直接体现了该组织的思想建设和政治建设水平。

3. 思想政治工作是高校师生思想状况的“压舱石”

思想决定行为，政治引领方向。高等学校党组织的政治核心作用决定了其思想政治工作不仅针对学生党员和教职工党员，更要面对党外师生，包括共青团员、群众、民主党派师生。思想政治工作是否到位，直接决定高校党内外师生的思想状况的优劣。只有把思想政治工作做好、做到位、做出实效，才能保证对广大师生衷心拥护党的领导、系统了解习近平新时代中国特色社会主义思想和党的十九大精神、坚定中国特色社会主义的道路自信、理论自信，制度自信和文化自信，对实现中华民族伟大复兴的中国梦充满信心。

二、高校基层党支部思想政治工作的共建实践探索

针对构建高校党建与思想政治教育整体工作体系，专家学者提出了相应的观点。同时，以新农村建设中的共建活动为例，对林业院校研究生思想政治教育工作开展研究与实践探索。

（一）高校基层党支部思想政治工作共建开展途径

1. 学习培训活动

高等学校党组织通过支部共建开展思想政治工作，其主要途径之一是通过开展相关学习培训活动，促进共建支部党员和积极分子学习

党的指导思想和行动指南，学习毛泽东思想、邓小平理论、“三个代表”重要思想、科学发展观，特别是学习习近平新时代中国特色社会主义思想和党的十九大精神，学习党的路线方针和党的历史，学习习近平总书记重要讲话。在这个过程中，既要针对党员领导干部、高校基层党支部书记、学生党员骨干和教职工党支部骨干等关键少数，又要覆盖支部党员、积极分子等普遍多数，确保思想政治工作的影响力和效果发挥。

2. 舆论宣传工作

高等学校党组织通过支部共建开展思想政治工作，舆论宣传工作是必须高度重视的重要途径之一。通过支部共建强化对思想政治理论和党的路线方针的宣传，创新宣传方式，结合“大学生理论宣讲团”、理论类学生社团等创新形式推进习近平新时代中国特色社会主义思想进学校、进课堂，其目的是要促进党内外广大师生不断增进对党的政治认同、思想认同、情感认同。

3. 主题教育活动

高等学校党组织通过支部共建开展思想政治工作，可以结合同一时间进行中的党的主题教育活动进行，如“不忘初心、牢记使命”主题教育、常态化的“两学一做”学习教育等。在主题教育的框架下开展相关的共建活动，在主题教育活动中推进和强化思想政治工作。同时还可以结合“五四”“七一”“十一”等重大时间节点深入开展相关支部共建教育活动。深化广大师生对党史、国史、改革开放史和社会主义发展史的学习，引导广大师生树立正确的历史观、民族观、国家观。

4. 共建“课程思政”

思想政治理论课是高等学校任何学段、年级学生的必修课，是落实立德树人根本任务的关键课程。高等学校党支部开展共建活动促进思想政治工作的方式之一，即和高等学校中的“课程思政”相结合，促进课程育人，以做到知识传授、价值引领和能力提升的有机统一。具体开展方式如研究、梳理某一门课程中所蕴含的思想政治教育元素，并通过一定方式、程序或具体活动将其融入课堂教学或第二课堂，促进各类课程充分发挥思想政治教育功能，提升学生思想政治水平。

5. 共建文化活动

校园文化建设是大部分高等学校高度重视和大力发展的工作之一。高等学校中的党组织在培育校园文化，弘扬大学精神的相关工作中发挥着重要作用。高等学校党支部可以通过共建文化活动开展思想政治工作。在这个过程中要深化文化育人，坚持显性教育和隐性教育相结合的原则，注重发挥文化的浸润、感染、熏陶等作用。其途径具体包括通过支部共建开展面对特定的师生群体的文化活动，通过基层党组织的思想政治建设促进和带动校园文化建设，以此充分发挥党组织思想政治工作的功能。

6. 专题专项教育

相对党的理论知识教育和主题教育，专题专项教育的内容更加具体和细致，而且同样是高等学校教育工作中不可忽视的一部分。传统的教育内容主要包括大学生安全教育、法制教育、心理健康教育、国防教育等。新时代背景下，随着国内外形势的变化和社会的发展进步，更多教育主题被提上日程且重要性与日俱增，包括但不限于国家安全教育、反间谍和反恐怖主义教育、互联网安全教育、金融安全教育、禁毒教育等。高等学校党组织通过支部共建开展思想政治教育工作，可结合学校的相关专题专项教育共同开展。通过支部共建促进专题专项教育，同时将思想政治工作寓于教育活动当中，在具体内容的教育中促进广大学生对党的理论和工作的认同和支持。

（二）高校基层党支部思想政治工作的共建实践探索

1. 构建高校基层党支部思想政治工作共建一体化体系

朱士中针对如何构建高校党建与思想政治教育的整体工作体系开展了相关研究。① 研究指出，党的建设是高等学校思想政治教育的核心和灵魂，思想政治教育是高等学校党的建设的主要内容和有效途径，二者具有极为密切的关系。但是这两项工作的开展存在“党委统一管理、各自管理负责”的局面，并在新的时代背景下暴露出“条块分割、力量分散、特色不够鲜明”等弊端，一定程度上不利于高等学校的党建工作与思想政治教育工作的整体规划。

对此，研究对当前高等学校的党建工作与思政工作进行了细致的梳理，分析并提出了党建工作与思想政治教育工作作为整体进行体系建设的必要性。首先，构建整体工作体系是建设和谐校园的需要。其次，构建整体工作体系是推进高校思想政治教育改革的需要。最后，构建整体工作体系是保证高校党员质量的需要。

为此，研究从不同角度分别提出了构建整体工作体系的具体要求。第一，“内容一体化”是构建整体工作体系的内在要求。二者具有相同的核心内容、指导思想、理想精神与核心价值观。因此，党建与思政工作应当与学校发展结合起来，与学校党政重点工作结合起来，与高校人才培养、科学研究和社会服务三大基本职能结合起来。第二，“载体一体化”是构建整体工作体系的有效路径。这要求高等学校党组织持之以恒地开展诸如“凝聚力工程”等一系列相关工程，以此推动学校党建工作和思政工作开创新局面。第三，“队伍一体化”是构建整体工作

① 朱士中．构建高校党建与思想政治教育整体工作体系的思考［J］．中国高等教育，2010（18）：33－34.

体系的必要条件。这要求思政课教师以高度的责任感和使命感承担更多的党建任务，要求学校机关、学院系部职能部门的党员干部在党建与思政工作中形成合力，齐抓共管。第四，“平台一体化”是整体工作体系的基础保障。面对新时代高等学校党建工作呈现出来的新特点，高等学校应当有机整合现有的党建与思政工作平台，使课堂、网络、公寓社区、社会实践基地等党建与思政工作平台一体化，多方面共同推进学校的党建和思政工作。

研究充分论述了构建整体工作体系对高校党建工作与思想政治教育的优化和改进作用。相关研究成果如果能在高等学校中贯彻实施，使两项工作的资源集中、力量整合、队伍融合，加强整体规划，促进协调发展，将对高等学校的党建工作与思政工作的发展起到良好的促进作用。

2. 行业院校基层党支部思想政治工作共建探索

宋吉红以“新农村建设”中的共建活动为例，基于北京林业大学在相关工作中的实践探索，对林业院校的研究生思想政治教育工作展开了研究。① 研究指出，以乡村基层党组织为平台的共建活动为研究生参与社会服务搭建了良好的平台，相关平台能够为学生提供了解国情、民情，增强社会责任感的机会。

研究认为，共建活动对研究生思想政治教育工作具有以下促进作用：一是学校教育与社会教育相结合，形成高校思想政治教育的资源合力。农村的广阔天地是提高研究生专业技能和科研水平的理想场所，也是进行思想政治教育工作的现实教材和宝贵资源。二是社会教育与自我教育相结合，形成高校思想政治教育的主体动力。参与社会服务可使研究生更加了解国情民情，将实现自身价值与报效祖国、奉献社会结合起

---

① 宋吉红. 林业院校研究生思想政治教育工作的实践探索——以新农村建设中的共建活动为例 [J]. 中国林业教育，2015，33（02）：43－45.

来，丰富阅历、磨炼意志、提高能力、全面发展。三是人才培养与社会服务相结合，形成高校思想政治教育的整体合力。参与新农村建设能够促进高校人才队伍建设逐步走上优势互补、师生联合、合作创新科技的良性循环之路，在很大程度上激发了高校人才培养实践理念的转变，为学校人才培养提供了坚实的基础。同时，学校各部门应加强沟通、积极合作，进一步提升育人理念，形成全员育人的合力效应。

通过实践经验总结，共建活动在研究生思想政治教育工作中具有以下实现途径：一是找准共建活动的着力点。要进一步开阔工作思路，拓宽共建领域，积极探索高校与农村党建工作的切入点、融合点，围绕社会和学生两大需求开展共建活动。二是创新共建活动的载体。高校应充分结合学校的学科优势和办学特色建立“党组织共建基地”等载体，为实现学生思想政治教育和农村发展的互利双赢打下基础。并注重发挥大学生村官、退休老教师、专家教授、在校研究生等各种人才资源的力量。三是完善共建活动的管理机制。高校应建立相关领导工作机构、制定明确的岗位职责，建立共建活动的长效机制，不断创新合作形式，稳固共建成果，丰富共建内容，提高共建影响。四是强化共建活动的保障机制。为使共建活动更深入、更稳固、更有成效的开展，必须在法律、体系、平台等方面做好保障。

在理论研究与实践经验的基础上，该研究提出了构建多方受益的共建活动长效运行机制。一是探索共建活动的新思路、新机制。要选择合适的共建活动的切入点，解决共建活动中人、财、物合理利用的问题，提高共建的科学化水平。二是建立共建活动的新模式、新体系。要创新合作形式，稳固共建成果，丰富共建内容，提高共建影响。三是建立科学的共建活动评价体系。要设计好评价标准、评价内容、评价主体、评价流程、评价方法及评价指标体系和评价结果认定，这是促进研究生服务社会的基础。相关研究对林业高校和其他专业类高等学校的学生党员在共建中参与实践调研和社会服务、改进和发展高等学校学生党支部的建设工作具有较强的指导作用和现实意义。

三、高校基层党支部共建推动思想政治工作的思考

党的政治建设是党的根本性建设，重视党的政治建设是我们党的优良传统。中央要求各级党组织要切实加强对高校思想政治工作的重视，增强工作队伍的政治素质，把好工作内容的政治导向，以凝聚师生政治认同为抓手，为高校思想政治工作导航定向。

（一）高校基层党支部思想政治工作要保证方向的正确性

高等学校基层党支部的思想政治工作是高校党建工作的重要组成部分。“思想政治教育内容是思想政治教育目标的具体化，它要适应党和国家对社会成员实施思想政治教育时在思想、政治、道德、心理素质诸方面的要求”①。作为明显具有价值观念的导向性的高校思想政治工作，其最重要的任务就是使学生党员、教职工党员坚定对马克思主义的信仰，树立正确的理想信念，为党和国家的事业发展和社会进步贡献力量；使党支部的建设和各项工作朝着正确的方向前进不偏离；使高等学校党组织为社会主义事业的建设者、接班人奠定牢固的思想基础和正确的政治方向，从而实现教育事业的“四个服务”的目标。

高校思想政治工作队伍不仅包括高校学生工作部门、辅导员班主任、思想政治理论课教师，还包括高校所有党政干部和共青团干部、哲

---

① 文大稷，秦在东．思想政治教育要素的再思考［J］．学校党建与思想教育，2009（25）：8－11.

学社会科学课教师、心理咨询教师等。高校思想政治工作队伍的政治素质是否过硬，直接影响着人才的“成色”和高等教育的“底色”。如何把好高校思想政治工作队伍的政治关？这就需要各级党组织从队伍的准入、日常教育和考核等方面下功夫。第一，把好队伍准入关。将“政治强”作为首要考察标准，这是保证高校思想政治工作队伍纯洁性的重要方式，但“政治强”如何把握？仅仅依靠政治面貌为“党员”的要求显然缺乏科学性和合理性。我们认为，把好高校思想政治工作队伍准入关的关键在于加强对选聘对象的政治审核，如深入其所在社区了解其日常表现，利用大数据技术分析其网络行为等，从而准确评定选聘对象的政治立场，对政治立场不坚定者坚决不予选聘。第二，把好队伍日常教育关。个体意识会随着社会环境的变化而变化，思想政治工作者的政治立场一时的坚定不代表永远坚定，因此，加强对高校思想政治工作队伍的日常教育才是保证其思想纯洁性的长久之计。这就要求各级党组织狠抓高校思想政治工作队伍的政治教育，推动政治教育融入各项业务技能培训之中，并使之制度化、规范化和常态化。第三，把好队伍日常考核关。各级党组织要加强对思想政治工作者“四个意识”的考核，对于政治立场不坚定者加强教育，对拒不改正者及时清理出党员队伍。

（二）高校基层党支部思想政治工作共建要充分发挥学生党员的主动性

高校的全体师生是思想政治教育的对象，也可以说是高校思想政治教育的客体。目前，我国高校学生党支部中的党员、预备党员、发展对象、入党积极分子均为青年大学生；学生党支部书记大多是从优秀辅导员、班主任、共青团干部、青年教师以及优秀大学生党员中选拔产生，包括学生党支部书记在内的全部成员都是高校思想政治教育的主要承担者。高校学生党支部承担着教育培养支部成员、做好高校学生的思想政治教育工作、巩固马克思主义在高校意识形态领域的指导地位的重要任务。学生党支部通过组织青年学生认真学习马克思列宁主义、毛泽东思想、邓小平理论、“三个代表”重要思想、科学发展观、习近平新时代中国特色社会主义思想，将理论知识融入日常生活学习当中，不断推进学生党支部“两学一做”学习教育的常态化、制度化建设；保持和加强与广大青年学生的密切联系，努力做到“了解学生的所思、所想、所求”，维护学生的正当权利和合法权益，凝聚广大青年学生力量；突出对青年学生的政治教育，加强对青年学生的思想政治引领，筑牢学生的理想信念根基。①

一般来说，在校大学生是高等学校当中数量最庞大的群体，也是思想政治工作的重点群体。他们普遍具有思维活跃、个性鲜明等特点。学生党员作为其中具有一定政治素养和理论水平的优秀群体，既是所在院系党组织和基层党支部的思想政治工作的目标群体，又是一定范围内思想政治工作的工作者。在支部共建当中，上级党组织和党务辅导员应当适当发挥他们的积极性和主动性，使支部共建在实现思想政治工作的既定目标的同时保证相关工作和活动的灵活性、多样性和参与性，让更多党员参与到支部共建中来，让更多党员和群众接受支部共建的形式和其中的思想政治内涵。同时促进学生党员的思想政治理论水平和党建工作能力的提升，增强高等学校学生党支部建设工作的凝聚力，把学生党支部建成坚强的战斗堡垒。

① 高仓健. 新时代高校学生党支部思想政治教育的价值意蕴与实现路径［J］. 中共太原市委党校学报，2019（06）：3－5.

（三）高校基层党支部思想政治工作共建的注意事项

1. 保障资源投入力度

进行支部共建、开展思想政治工作都需要一定的经费、场地等资源作为基础和保障。上级党组织要为开展支部共建的党支部，尤其是共建活动面向群体非党员师生数量多、范围广的党支部，加大保障力度，以保证思想政治工作顺利开展并发挥作用。在投入资源的同时，也要坚持细致安排，合理规划，使有限的经费、资源能够最大化发挥效果，管好用好党建共建的专项经费。

2. 加强党员骨干队伍建设

支部共建活动的顺利开展和思想政治工作取得实效离不开一支高素质、高水平的党员骨干队伍，包括学院系部的党员领导干部、专职党务工作人员、教师和学生党支部书记和委员等。加强支部共建和基层党组织建设，其基础和前提是做好高校党员骨干队伍的建设工作。具体来说，即上级党组织要加强针对院系党务工作人员、教职工党员骨干和学生党员骨干的培训培养，为支部共建和基层党组织建设工作奠定人才基础。

3. 注重在实践中锻炼工作能力

打铁还需自身硬。高校党支部开展思想政治工作，必须保证自身具有良好的思想政治水平和思想政治工作能力。因此，基层党支部在日常学习、工作中就应当重视思想政治理论的学习与应用，在日常工作和支部共建实践中锻炼提升思想政治工作的能力和水平。以更强的能力促进支部共建和党建工作的提升，形成相互促进的良性循环。

4. 加强重点单位建设

高等学校开展思想政治工作，学校党委的工作机关、学院系部的党总支（分党委）、马克思主义学院、有关党政理论的研究机构等是思想政治工作的重点单位。因此，除了支部自身通过共建等途径开展思想政治工作以外，还可以而且也应当借助于上述重点单位的优势力量。在此背景之下，上述重点单位必须建设成开展和保障思想政治工作的坚强阵地，切实推进自身建设。从站稳政治立场到丰富组织生活，重点单位要重视政治建设、思想建设、组织建设中的任何一个环节，做好学校、学院党建工作的标杆，带动和促进基层党支部的发展、进步。

综上所述，在高校基层党支部改革、建设和发展的过程中，思想政治工作是一项长期任务，要想保证其时效性，必须做到与时俱进。这就要求高校重视并加强党支部的共建，紧跟形势，在探索的过程中持续创新，不断改进，从而获得可持续发展。

第六章　共建与支部党员教育工作

关于党员工作，《中国共产党支部工作条例（试行)》指出，党支部担负着“教育党员、管理党员、监督党员”的职责。而在这有关党员工作的三项职责中，教育党员处于最靠前的位置，同时也是最重要的位置。广大基层党组织应当始终坚持做好党员教育工作，不断提升为人民服务水平，提高党员的理论素养、业务能力和党组织的战斗堡垒作用。

一、党支部党员教育工作概述

党支部党员教育工作是共建的重要内容之一。通过了解党支部党员教育工作的制度要求、目的、内容和重点、重要意义等内容，是党支部共建推进党员教育工作的基础。

（一）党支部党员教育工作的制度要求

针对党支部开展党员教育工作，党的章程和党内规章制度都有相关的表述。

党的章程层面，《中国共产党章程》指出：党员享有“接受党的教育和培训”的权利。党的基层组织的基本任务包括“组织党员认真学习马克思列宁主义、毛泽东思想、邓小平理论、‘三个代表’重要思想、科学发展观、习近平新时代中国特色社会主义思想，推进‘两学一做’学习教育常态化制度化，学习党的路线、方针、政策和决议，学习党的基本知识，学习科学、文化、法律和业务知识”“对党员进行教育、管理、监督和服务，提高党员素质，坚定理想信念，增强党性，严格党的组织生活，开展批评和自我批评，维护和执行党的纪律”等。

党的准则条例层面，《中国共产党党员教育管理工作条例》指出党支部应当运用“三会一课”制度，对党员进行经常性的教育管理。《中国共产党支部工作条例（试行)》指出党支部担负着“教育党员”的职责，承担着对党员进行“教育、管理、监督和服务”，“突出政治教育，提高党员素质”的基本任务。

（二）党支部党员教育工作的目的

高校基层党支部作为高校最基层的党组织，是凝聚学生党员和教职工党员的核心载体，在发挥思想政治教育作用、履行党员教育职责方面具有重要作用。

党员个人方面，要促进学生党员形成正确的政治观念和坚定的思想立场，为教师党员立德树人提供政治保证和思想引领，为后勤服务人员党员开展服务工作提供思想动力。党支部集体方面，要建设高等学校当中的坚强战斗堡垒。高校办学功能的发挥，党的建设是关键。高校基层党组织由一线教师党员和学生党员组成，高校落实立德树人根本任务，教师是主导，学生是主体。因此，由教师和学生党员组成的高校基层党支部在高校立德树人中发挥着先锋性战斗堡垒作用。

（三）党支部党员教育工作的内容和重点

虽然不同地区、系统、组成结构的党支部的教育内容会根据其客观情况有所不同，各个支部也力求在党员教育活动中突出自己的特长和特色，但本质上都不会偏离党的教育这一主题，所有的党支部的教育内容大体上都会包括以下几方面的内容。

1. 党的基本知识教育

总的来说，“党的基本知识”这一概念通常包括党的章程、党的历史两个方面的内容。党的章程规定了党的性质和宗旨，是党的理论、路线、方针和政策的集中体现，是党的根本大法，是全党必须共同遵守的根本行为规范，是全党必须遵循的总规矩。党的历史，即中国共产党成立以来的整个发展过程的全部历史，“凝结着理想信念与革命精神之魂，是中国共产党人精神洗礼的殿堂，是中国共产党安身立命的基础”①。党史的主要内容包括党领导全国各族人民进行革命、建设、改革的发展历程、党在各个不同时期的组织建设和发展状况、党的重要会议史、党的重要人物史、党的历史文献等。

毫无疑问，任何人申请加入中国共产党，都必须对党章和党史有一定的了解。对于已经成为党员的人，认真学习党章、党史更是应尽的义务。重视和加强党的基本知识教育，是强化党员个人的身份意识、责任意识的有效措施，是保证支部党员队伍先进性、纯洁性的基本教育内容。

2. 党的指导思想和党的路线、方针、政策教育

党支部对党员开展教育的内容当中，党的指导思想是最重要一部分。党的指导思想教育，内容包括组织党员认真学习马克思列宁主义、

---

① 胡占君. 党的历史是党安身立命的基础［J］. 红旗文稿，2016（18）：30－32.

毛泽东思想、邓小平理论、“三个代表”重要思想、科学发展观、习近平新时代中国特色社会主义思想。党的路线、方针、政策是指导党的一切活动的行动指南，是推动党的各项事业发展的根本遵循，是全党全国人民统一思想、统一意志、统一行动的基本依据。① 党的路线、方针、政策教育和党的指导思想教育一样，是党员教育中的重要内容。

党支部作为教育党员的重要阵地，必须加强教育工作，促进党员用党的指导思想，特别是党的最新理论成果武装自己。理论创新每前进一步，理论武装就跟进一步。要深入学习贯彻习近平新时代中国特色社会主义思想，在思想上、政治上、行动上同党中央保持高度一致。② 要把学习贯彻党的指导思想作为思想武装的重中之重，同学习党的历史结合起来，同新时代“四个伟大”的丰富实践联系起来，在学懂弄通做实上下苦功夫，在解放思想中统一思想，在深化认识中提高认识，切实增强贯彻落实的思想自觉和行动自觉。③

从这个意义上说，如果说党的基本知识给党员的理论知识体系打好了地基，明确了“我是谁”的问题，那么党的指导思想和党的路线、方针、政策就是分别从宏观和微观的层面给党员一个明确的指向标，明确了“我要做什么”的问题。对于党的指导思想和大政方针方面的教育，党支部是第一责任单位。党支部要在日常的“三会一课”和相关的专题活动当中起到主体作用和引领作用，保证党员思想紧跟中央不掉队。

---

① 陈武明．自觉维护中央权威是最大的纪律和规矩［J］．求是，2015（15）：40－42.

② 粟实．理论创新每前进一步 理论武装就跟进一步［N］．山西日报，2019－07－01（009）.

③ 本报评论员．坚持以科学理论引领全党理想信念［N］．人民日报，2020－01－17（003）.

3. 党内法规和党的纪律教育

如果说党的基本知识教育明确了共产党员应该做什么、明确了共产党员要实现什么目的，那么党规党纪教育则是要明确共产党员不能做什么，做了不该做的要受到什么样的惩戒。党规党纪教育，包含党内法规和党的纪律两方面的内容。《中国共产党党内法规制定条例》指出党内法规是“党的中央组织以及中央纪律检查委员会、中央各部门和省、自治区、直辖市党委制定的规范党组织的工作、活动和党员行为的党内规章制度的总称”。《中国共产党章程》指出党的纪律是“党的各级组织和全体党员必须遵守的行为规则，是维护党的团结统一、完成党的任务的保证”。

不论是从历史层面还是现实层面，对广大党员开展党内法规和党的纪律教育都具有极强的必要性和重要性。历史层面，我们的党从成立之始就是有着严格纪律的革命政党。严格的纪律不仅是我们党的优良传统，而且是党的事业不断取得胜利的重要保证。历次党的全国代表大会通过和修订的党的章程都对党的纪律做出了明确的规定，并通过章程、准则、条例、规定、办法、规则等党内法规将党的工作、活动和纪律落到实处。现实层面，开展和加强党的纪律教育，是新时代加强党的纪律建设的必然要求，是保证党员队伍纯洁性的迫切需要。在党的十九大提出了新时代党的建设总要求中，纪律建设首次被列为党的建设的重要内容。习近平总书记在十九届中央纪委二次全会上强调，要全面加强纪律建设，用严明的纪律管全党治全党。相应的，党中央也进行了党内法规和规范性文件的集中清理工作，这在我党历史上尚属首次。在这项工作当中，党中央先后制定或修订了近 80 部党内法规，完善了党的纪律和党内法规制度建设框架，实现了党内法规体系建设的与时俱进，为进一步深化全面从严治党提供了强有力的制度保障。

4. 党的主题教育活动教育

党的十八大以来，以习近平同志为核心的党中央高度重视党的思想建设和政治建设，并在全党范围内开展了一系列主题教育活动。包括2013年开展的党的群众路线教育实践活动；2015年开展的“三严三实”专题教育；2016年开展的“两学一做”常态化学习教育活动；2019年开展的“不忘初心、牢记使命”主题教育活动等。这些主题教育活动指向鲜明、立意明确，都取得了显著成效、使广大党员和各级党组织的面貌焕然一新，对保证各级党组织党员队伍的先进性、纯洁性和战斗性具有重要作用，为巩固党的执政基础和执政地位，实现“两个一百年”奋斗目标和中华民族伟大复兴的中国梦，具有重大而深远的意义。

通常情况下，党的支部是开展党的主题教育活动的最小单位，既是主题教育活动的组织者，又是更高一级党组织的主题教育活动的参与者。在党的主题教育活动当中，支部应当在党员教育工作当中充分发挥组织领导作用和督促保障作用，保证支部每一名党员都能充分参与到主题教育活动当中，并有所认识、有所收获、有所提高。同时，支部作为一个整体要积极参与上级党组织开展的学习教育活动，并同样保证党员个人和支部整体都能有所进步、有所收获。

5. 理想信念教育

理想信念是人的精神世界的核心，是人精神上的“钙”。树立科学、崇高的理想信念能够昭示奋斗目标、提供前进动力、提高精神境界。① 习近平总书记强调：“对马克思主义的信仰，对中国特色社会主义的信念，对实现中华民族伟大复兴的中国梦的信心，都是指引和支撑

① 本书编写组．思想道德修养与法律基础［M］．北京：高等教育出版社，2018.

中国人民站起来、富起来、强起来的强大精神力量。”①

新时代背景下，党支部开展对党员的理想信念教育，要从以下三方面入手，引导党员立足初心，高扬理想信念的旗帜。

第一，要坚定对马克思主义的信仰。在过去的一段时期，存在一部分党内外人士以批评马克思主义、嘲讽马克思主义者和共产党员为“潮流”，从思想上蔑视和反对共产主义，其根源就在于这些人不认可马克思主义的科学性、真理性，不认同中国共产党人的初心和使命。真正的共产党员必定坚信：马克思主义揭示了人类社会发展规律，指明了共产主义的远大理想，是一定能够实现的。马克思主义之所以能直抵人心、化为共产党人的信仰，就是因为它植根于人民之中、依托于规律之上，指明了依靠人民、遵循规律推动历史前进的人间正道。

第二，要坚定中国特色社会主义共同理想。实现中华民族伟大复兴的中国梦，必须坚持中国特色社会主义共同理想。历史和现实已经证明，只有社会主义才能救中国，只有改革开放才能发展中国，只有中国特色社会主义才能强盛中国。中国特色社会主义既坚持了科学社会主义的基本原则，又根据时代特点和发展趋势对其赋予了鲜明的中国特色。要明确中国特色社会主义是科学社会主义，不是别的什么主义，只要这样坚持和发展中国特色社会主义，就一定能够解决中国自己的问题，实现好、维护好、发展好人民的根本利益。这也是中国共产党人的初心所包含的信念。

第三，要坚定中华民族伟大复兴必定实现的信念。当前，我们的国家正处于从“富起来”向“强起来”跨越发展的关键阶段，这个过程中必定会遇到各种原因导致的艰难险阻，甚至会遇到难以想象的惊涛骇

① 习近平．在庆祝改革开放40周年大会上的讲话［N］．人民日报，2018－12－19（002）．

浪。但是，任何困难都无法击败伟大的中国共产党和英雄的中国人民。在实现中华民族伟大复兴的征程上，共产党员作为中国工人阶级、中国人民和中华民族的先锋队，必须坚定信念，奋勇前进，为人民的幸福、为民族的复兴不懈奋斗，从胜利走向新的胜利。

历史和实践已经充分证明，理论上坚定清醒是思想政治上坚定清醒的前提，科学理论是理想信念坚定的基础。在开展理想信念教育的过程中，要始终坚持思想建党、理论强党，坚持用科学理论武装广大党员、干部的头脑，才能使党员形成和坚定强大的理想信念。要持之以恒地用习近平新时代中国特色社会主义思想武装全党、指导工作，推进学习教育制度化常态化，不断坚定共产主义远大理想、中国特色社会主义共同理想。党支部必须对此有充分的认识和高度的重视，保证支部每一名党员都能树立科学、崇高的理想信念，并能够坚定保持下去，在未来的学习工作当中不动摇、不变质。

6. 科学、文化、法律和业务知识教育

认真学习科学、文化、法律和业务知识，是党章规定的党员必须履行的学习义务，是做合格党员的重要基础，也是党员提高自身科学文化素质、完成本职工作、参与党的工作的客观要求。在中国特色社会主义进入新时代的背景下，加强党的建设新的伟大工程、夺取新时代中国特色社会主义伟大胜利，实现中华民族伟大复兴的中国梦，都离不开高素质的党员队伍。发挥先锋模范作用，也需要共产党员带头参与学习，以促进自身综合素质的提高和业务工作的开展。

科学、文化、法律和业务知识的教育，党支部一般根据所在单位的性质、职能、结构和支部本身的规模、覆盖程度而起到不同的作用。有条件的支部可以开展一些相关的教育活动，并与所在单位的业务、党员的本职工作有机结合起来，支持单位工作的开展。在一些业务性较强、工作较繁忙、党组织覆盖有限的单位当中，支部可以不作为组织者的身份来直接开展相关的学习活动。但是仍然不影响支部作为党员履行义务的监督者，可以而且应当督促和支持党员开展自主学习或参加工作单位整体组织的相关学习活动。对于成绩优异、积极进步的党员可以给予表彰、奖励；对成绩较差、思想积极上进的党员要充分给予关怀和鼓励，并帮助他们取得进步；对于思想上不愿意积极学习的党员，要给予批评教育，并做好他们的思想工作。

（四）党支部党员教育工作的重要意义

党员教育工作一直是基层党组织建设中的一项基础性、长期性的工作，其重要性不言自明。自从党的十九大报告将党的政治建设工作首次纳入党建总体布局当中，基层党组织建设工作就面临着新的形势。[①] 可以说在新时代的背景下，随着政治建设摆在了党的建设的首位，党员教育工作的重要性也显著提升。

党支部做好党员教育工作是保证和提高党员队伍素质的底线保障。基础不牢，地动山摇。党支部是培养、教育、管理党员和入党积极分子的第一责任单位，也是接收合格的入党积极分子加入党组织和决定预备党员是否转正、按期转正的直接负责单位。作为党组织当中活力最高、积极性最强的一部分，他们的理论基础和政治素养的高低好坏直接决定了整个支部的党员队伍整体素质，因此对入党积极分子和预备党员的教育工作就极为重要。党员教育管理作为一项经常性工作，需要基层党支部长期重视和坚持，并在工作中投入足够的资源，以保证支部党员个人与党员队伍的整体素质不断提升。

---

① 靳玉秀．加强党支部建设 促进党员教育工作［J］．党史博采（下），2019（07）：23－24.

党支部做好党员教育工作是提升支部党建工作质量的现实需要。广义上的“党的建设”覆盖很多内容，包括政治建设、思想建设、组织建设、作风建设和纪律建设等诸多方面的内容。而想要在上述多个方面的党的建设工作上有所提升、取得一定成绩，都需要以对党员的多方面的教育作为基础。加强对党员的教育工作是“党要管党、从严治党”的党建工作的基本要求，也是党的建设的基础性、根本性、经常性任务。同时，抓好党员教育工作，其本身就是加强党的建设的重要内容之一。因此，支部加强党的建设工作，必须注重结合支部的党员教育工作发力。要保证教育工作本身取得实效，对党员素质提升起到作用，要坚决杜绝形式主义。同时党员教育工作也要注意指向性和实效性，开展教育的同时促进党建工作整体提升。

党支部做好党员教育工作是为党夯实长期执政基础的重要举措。习近平同志指出，党建工作的亮点在基层，重点也在基层。加强基层党组织党建工作，对推进党的建设新的伟大工程、夯实党的长期执政基础具有十分重要的意义。夯实党的长期执政基础，要站稳人民立场、贯彻党的群众路线，使党的工作受到人民群众发自内心的支持和认同；要充分发挥基层党支部的战斗堡垒作用；要保证党员队伍的纯洁性。而这都离不开党支部充分、到位的党员教育工作，离不开党员自身的政治素质和业务素质。只有重视党支部党员教育工作，把整个党组织尤其是党的基层组织的党建工作做好，才能实现人民群众对美好生活的向往，保证党员队伍的纯洁性与先进性，不断提高党的执政能力，使党的长期执政基础坚如磐石。

二、高校基层党支部党员教育工作的共建实践探索

高校基层党支部党员教育工作的共建具有以下开展途径，部分高校

基层党组织已经进行了相应的实践探索。

（一）高校党支部共建中党员教育工作的开展途径

对于高校基层党支部来说，通过共建活动实施或促进党员教育工作主要包括党课联学、主题党日活动等途径。

1. 党课联学

党课是讲授党的理论知识的课程，是党的组织生活制度的规定动作，是“三会一课”的重要组成部分，是每一位党员和入党积极分子的必修课。新时代加强党的建设，上好党课是必不可少的一个环节。在共建关系当中的一方党支部为了加强共建双方在党的思想建设方面的交流、提高党员队伍的理论水平，可以邀请另一方派出政治理论水平较高的党员为其支部讲授党课，或者双方党支部的党课讲授人进行集体备课，为两个支部共同讲授党课。

对于党的最新理论动态和重大会议精神、一些提出时间不久的、理论深度较高的内容或者课题，双方还可以进行深层次的党课联学，为双方支部党员对所学内容进行充分的交流和讨论提供平台，使参与学习的党组织在拓宽理论视野的同时也能增进对另一方组织及其成员的了解，为双方的长期交流合作打好基础。

2. 主题党日活动

主题党日活动即党组织在主题党日当中开展的相关活动。主题党日作为一项制度安排，一般会根据党支部的不同类型和特点，在确定了党日活动的主题后，将活动集中在每月相对固定的一天，组织支部党员集中参加活动。主题党日活动的形式非常灵活，通常可以开展不同形式的党课学习、主题研讨会、重温入党誓词、文艺会演或比赛、收看影视作品、对特定人员的走访慰问、志愿服务活动、民主议事、走访调研、参观教育基地、政策宣讲等活动。实践证明，主题党日活动形式多样、内容丰富，受到党员和群众的欢迎，是基层党组织的组织生活方式的重要创新。

共建党日活动既要保证作为党的活动的政治性、目的性和原则性，做到有主题、有内涵、有收获，坚决杜绝搞成游山玩水的观光娱乐活动。但也要注意充分发挥党日活动形式的多样性、内容的灵活性和实效性，增强党日活动对党员的吸引力、对党组织的凝聚力、党组织开展工作的战斗力。让党员乐于参与、组织凝心聚力、群众喜闻乐见的党日活动才真正具有开展的意义，要坚决避免空洞无物，形式主义。

共建党支部联合开展主题党日活动，可以根据双方党组织的实际情况采取不同的组织形式。双方可以共同组织同一项党日活动，也可以各自分别组织不同的党日活动并共同参与。在这个过程中，双方党支部均需明确活动的主题和预期达到的目标，并将其贯穿整个准备工作和共建党日活动的进程。双方可以就自身特点、长处和不足，有针对性地选择主题、筹备活动、开展工作，尽可能做到取长补短，优势互补，才是共建开展党日活动的优势所在。

（二）高校基层党支部党员教育工作的共建实践探索

1. “微时代”与高校党支部职责体系融合的研究。

许寅寅以贯彻落实《中国共产党支部工作条例（试行）》为基础，针对“微时代”与高校党支部职责体系融合展开了研究。高校党员构成具有青年高知的特殊性和思维敏捷的活跃性，这决定了高校党支部建设必须紧跟时代发展，改变固有模式。而将“微时代”技术平台与高校党支部的职责体系内涵相融合，可以为党支部建设提供新思考，调动党员群众的积极性，增强支部活力。①

针对“微时代”与高校党支部建设融合的必要性，相关研究从以下方面提出了观点：一是在时代前沿紧跟党的政治方向，有助于高校党务工作者掌握舆论引导的主动权。二是从党组织最小肌体入手，有助于提高高校师生“微时代”下辨别是非及信息甄选的能力。三是将主体需求纳入党支部建设内容，有利于激活党支部工作战斗力。作者就中青年党员的特征和信息来源方面展开了论述并得出结论，强调要把传统意义上被动接收的党建信息转化为高校师生党员喜闻乐见的新“微”事物。

相关研究针对“微时代”高校党支部职责体系如何开展融合建设提出了“四项结合”和“五大保障”。“四项结合”即坚持党员教育和文化传播相结合，创新“微平台”，扩大群众宣传力度；坚持服务集聚和组织管理相结合，完善“微管理”，服务师生群众；坚持共享共建和学校工作相结合，借助“微媒介”，监督管理党员；坚持顶层设计和个性化建设相结合，推动“微行为”，增强党组织凝聚力。“五大保障”即落实高校顶层设计提供政策保障，确保平台可持续发展；组织架构提供人才保障，推动形成全体师生党员和积极分子参与建设的机制；软硬件设施保障，加大校内各类优质资源的注入力度；工作经费保障，对相应党组织给予资金支持；奖惩制度保障，构建合理的建设评价指标体系。

2. 以“共建式党课”加强大学生党员教育的党课创新实践

李瑶以天津科技大学思品党支部“共建式党课”的实践为基础，针对加强大学生党员教育这一主题展开了研究。研究指出，“开展共建

① 许寅寅．“微时代”与高校党支部职责体系融合的实践与思考——基于贯彻《中国共产党支部工作条例（试行）》的研究［J］．现代商贸工业，2020，41（06）：126－127.

式党课是一种有效解决内容、师资、资源和形式等方面局限性的好方法”①。在此指导下，天津科技大学马克思主义学院思品党支部与天津滨海新区北塘街道宁车沽东村党支部、天津市北辰区双口镇中河头村党组织开展了一系列共建式党课。共建活动包括参观烈士故居、重温入党誓词、参观乡村建设成果、义务劳动等，并邀请到共建村老党员、负责同志讲授专题党课。相关课程增进了师生党员对革命先烈光辉事迹、天津党组织发展历史的了解，促进了师生党员对乡村振兴战略的直观感受。

研究认为，共建式党课就是不同党组织之间通过共同策划、共同组织、共同协作的方式开展的党课教育活动。共建式党课在本质上保持了党课的基本要求，但也存在授课形式更加多样化、理论与实践结合更加紧密、教学双方更加容易产生共鸣等新的特点。开展共建式党课需满足组织协作、资源共享、方式协同等基本要求，遵循维护中心、务实求真、以人为本的原则。该案例的实践结果及其相关研究对高校基层党支部通过共建的方式开展党员教育工作、提升党的建设工作水平起到了良好的参考和示范作用，对高校基层党组织与社会基层党组织间的务实共建、党员教育内容素材的共享和协同具有良好的促进效果。

三、高校基层党支部共建推动党员教育工作的思考

高校基层党支部共建推动党员教育工作要注重共建双方的具体情况和适应新的发展形势两个方面。

---

① 李瑶．深入开展共建式党课 加强大学生党员教育——天津科技大学思品党支部党课创新的实践与思考［J］．黑龙江教育（理论与实践），2020，｛4｝（10）：30－31.

（一）结合共建双方的实际情况

在高校党支部党员教育工作共建过程中，要注重结合学生党支部、教职工党支部的不同特点和自身优势，注重结合高等学校的一般优势和具体专长，注重平衡日常学习科研工作和支部建设。开展党员教育工作，要关注教师党员和学生党员的各方面工作和生活，促进中心工作，关心日常生活，以更好的状态开展党建工作。开展党员教育工作，应当注重新情况和新问题。在当前科学技术发展水平不断提升的背景下，人工智能、信息技术、新媒体等新技术的不断发展加快着社会的发展和变革。

（二）适应新的发展形势

与此同时，不断变化的社会形势使得高等学校的学生思想政治教育工作和学生党支部的党员教育工作中的新问题、新情况不断出现。一些传统的观念、形式和手段已经难以有效开展针对当代大学生党员和青年教师党员这一年轻群体的教育工作。有时过于陈旧、机械的教育方法还会适得其反，降低党组织在青年党员中的威信。这要求高等学校各级党组织在开展党员教育工作时要充分考虑随着社会发展出现的新情况和新问题，要适应在新背景下开展对学生党员和青年教师党员的教育工作，使党员教育工作开展得有效果、有效率，为新时代党的建设工作焕发生机与活力提供思想保障。

党员教育工作是基层党组织建设中的一项基础性、长期性的工作。在高校党支部党员教育工作共建过程中，要与时俱进、开拓创新，在新的时代背景下和不断变化发展的社会形势下进一步深入推进党员教育工作，推动党员个人与党员队伍的整体素质不断提升，推动党建工作整体提升。

第七章　共建与党支部服务群众工作

关于群众工作，《中国共产党支部工作条例（试行）》指出，党支部担负“组织群众、宣传群众、凝聚群众、服务群众的职责”。[①] 而在这有关群众工作的四项职责中，“服务群众是党的基层组织的重要任务”[②]，在群众工作中起着至关重要的作用。广大基层党组织应当始终坚持群众路线，做好服务群众工作，提高党组织在群众中的影响力，通过服务群众来凝聚群众、保证党和人民群众的血肉联系。

一、党支部服务群众工作概述

在日常工作、共建活动中服务群众是党支部的重要任务。通过党支部服务群众工作的制度要求、党支部服务群众工作的必要性、重要性以及党支部开展服务群众工作的要点，可以大致了解党支部服务群众工作。

---

① 本书编写组．中国共产党支部工作条例（试行）［M］．北京：党建读物出版社，2018.

② 刘炳香．服务群众一刻也不能忘——把服务群众与强化党的基层组织政治功能统一起来［J］．人民论坛，2018（26）：101.

（一）党支部服务群众工作的制度要求

针对党支部开展服务群众工作，党的章程和党内规章制度都有相关的表述。

党的章程层面，《中国共产党章程》指出：党的基层组织的基本任务包括“维护群众的正当权利和利益，做好群众的思想政治工作”“充分发挥党员和群众的积极性创造性，发现、培养和推荐他们中间的优秀人才，鼓励和支持他们在改革开放和社会主义现代化建设中贡献自己的聪明才智”“对要求入党的积极分子进行教育和培养，做好经常性的发展党员工作，重视在生产、工作第一线和青年中发展党员”“教育党员和群众自觉抵制不良倾向，坚决同各种违纪违法行为做斗争”等。

党的准则条例层面，《中国共产党地方委员会工作条例》指出党的地方委员会常委会的主要职责包括“对本地区经济社会发展和宣传思想文化工作、组织工作、纪律检查工作、群众工作、统一战线工作、政法工作等方面经常性工作中的重要问题作出决定”。《中国共产党支部工作条例（试行）》指出党支部担负“服务群众”的职责；党支部工作必须遵循“坚持践行党的宗旨和群众路线，组织引领党员、群众听党话、跟党走，成为党员、群众的主心骨”的原则。

（二）党支部服务群众工作的必要性

1. 党支部开展服务群众工作，体现党的本质属性与根本宗旨

中国共产党的本质属性是无产阶级政党，中国共产党的根本宗旨是为人民服务，中国共产党人的初心使命是为人民谋幸福，为民族谋复兴。开展服务群众工作，是我党工人阶级政党的本质属性的体现，是用实际行动对党的为人民服务的宗旨的践行，是中国共产党人“不忘初

心、牢记使命”的生动实践。

2. 党支部开展服务群众工作，是为了满足人民群众对美好生活的向往

经过改革开放四十多年来的发展，我国人民群众的生活水平显著提高，对美好生活的向往也随之更加强烈。进入新时代，人民群众“不仅对物质文化生活提出了更高要求，而且在民主、法治、公平、正义、安全、环境等方面的要求日益增长”。习近平总书记指出：“人民群众对美好生活的向往，就是我们的奋斗目标。”党支部开展服务群众工作，能够在服务群众的过程中使人民提升获得感、幸福感，对党组织和党员为此付出的努力会有更直观和深刻的认识。

党支部开展服务群众工作，能够有效巩固党的执政基础。“基础不牢，地动山摇”，中国共产党的执政理念是坚持立党为公、执政为民，党的最大优势是密切联系群众，党的最大危险是脱离群众。作为连接党和群众的桥梁和纽带，党支部只有坚持群众路线，在服务群众工作中为群众办好事、办实事，为群众谋利益，才能在服务群众过程中团结群众，不断巩固、扩大党的执政基础。

（三）高校党支部服务群众工作的重要性

1. 高校党支部开展服务群众工作，促进党员履行使命义务

高校党支部是高校思想政治教育工作的重要载体。党支部开展服务群众工作，有助于党组织通过党建促进思想政治教育。服务群众工作可以培养学生党员兼备坚定的共产主义信念和活跃的创造力。大学生主体的文化素质高，政治敏锐性强，具有强烈的爱国情感，党支部开展服务群众工作可以帮助党员将个人理想融入伟大的社会主义建设事业中去，帮助他们真正成为大学生中的先进分子和骨干力量。构建完备的党员教

育培训体系，完善入党积极分子教育、强化党员培训、拓宽党员培养途径，实现对大学生党员的全程化培养。根据学生党员成长规律，设计学生党员核心能力培养计划，对大学新生重启发，对积极分子重政治理论教育和主题教育，对预备党员重政治理论与社会实践相结合，对正式党员重争先锋树标杆，实行全程化培养，即覆盖大学生从申请入党到成为正式党员的全过程，实现对大学生党员全方位的教育培训和党性锻炼。

2. 高校党支部开展服务群众工作，体现支部职责，发挥支部作用

随着改革开放和社会主义市场经济的深入发展，中国共产党的执政职能有了更加丰富的内涵，这就要求基层党组织通过提升服务能力来提高执政能力，将基层党组织的功能转到服务上来，通过服务最大限度地凝聚社会共识、激发社会活力，形成全社会齐心协力促发展的强大合力。党的基层组织是党的全部工作和战斗力的基础，高等学校的根本任务是培养社会主义建设者和接班人，并要在此基础上着力做好学生的思想政治工作。以服务型学生党支部建设为抓手，推进学生党员队伍建设、学生党员干部队伍建设、学生党支部组织建设，契合高校基层党组织自身建设和发展的需要。学生党支部的价值取向和发展方向，直接影响着广大青年学生的思想动态。学生党员往往是青年学生中的楷模和标杆，在学生中有着广泛、积极、正面的影响力，服务型学生党支部建设引领广大学生树立为人民服务的信念，倡导以人民的根本利益为先的人生价值观，践行大学生社会主义道德，增强大学生前进的思想动力。①

3. 高校党支部开展服务群众工作，增强服务意识，提升工作活力

支持高校党员师生在服务群众的实践中锻炼能力、开阔视野，有助于切实增强党员的服务意识和服务能力，不断提升党支部的工作活力。

---

① 杨晞帆．高校服务型学生党支部建设的必要性及实现途径探究［J］．老区建设，2015（10）：36－40.

学生党支部服务群众是强化高等学校基层党组织基础，提升党基层组织吸引力与凝聚力的必然要求，是建设服务型党组织的基本要求，也是提高高校大学生基层党组织战斗力的必然要求。

（四）高校党支部开展服务群众工作的要点

高校党支部开展服务群众工作，要注意以下内容和问题：

1. 要充分体现自身特点、发挥自身优势

党支部开展服务群众工作，要根据自身人员队伍素质和专长、人员规模和结构、本职工作和拥有的资源等实际情况，尽可能体现自身特点，充分发挥自身的优势和专长。这样做一方面是保证服务群众工作能够顺利开展并取得实效，另一方面也是为了最大程度发挥党员个体和党支部集体的力量，为服务人民做出应有的贡献。因此，高等学校的学生党支部要充分发挥党员中具有特定学科专业的高素质人才和党员年龄相对集中且年轻的特点和优势，在开展理论宣讲、志愿服务等方面的工作上能够更好地发挥专长；例如医学类高校中的党支部可以充分发挥自身高度集中的医学知识和医疗技术方面的优势，在开展党员义诊、医疗卫生保障等方面的工作上能够更好地发挥专长等。

2. 要充分考虑群众的实际需要

党支部开展服务群众工作，要充分考虑服务对象的实际需要。在开展相关的活动之前，党支部就应当提前做好相关的调研工作，充分了解服务对象的相关需求，把群众的需求作为第一考虑、把群众的利益作为第一选择，突出“服务群众”的功能定位和价值定位；了解党支部能够通过什么形式、开展什么活动真正满足群众的需求，为群众办好事、办实事。同时也是为了真正将资源用于人民群众最迫切需要的地方，避免服务工作出现效率低下、形式主义等情况。例如，对口服务的社区存在空巢老人数量较多、学龄儿童相对较少的情况，那么针对此社区开展服务群众工作的党支部（党组织）就应当考虑到此社区居民年龄结构的特点，以及居民因此可能存在的需求和困难。如果举办文艺会演，就应当多编排适合中老年居民喜闻乐见的节目；如果发放慰问品，就应当选择对老年人更有实际用途的物品等。

3. 要结合国家发展战略或区域发展需求

党支部开展服务群众工作，要结合国家发展战略或区域发展规划。一般认为，国家战略是为了实现国家总目标而制定的在某一总体或具体方面的总体性战略部署，是国家战略体系中最高层次的战略。在习近平总书记的战略部署下，京津冀协同发展、长江经济带发展、军民融合发展、乡村振兴、黄河流域生态保护和高质量发展等一系列重大国家战略先后推出，对我国经济和社会的高质量发展产生了深远影响。区域发展规划是关于某一地区的资源开发与利用，环境治理保护与控制，生产建设布局，城乡发展以及区域经济、人口、就业政策的综合性规划。例如，北京市在津冀协同发展战略的指导下，发布了《北京城市总体规划（2016 年—2035 年）》，对北京市的战略定位、工作重心、基本职责做出了明确定位。

在规划和组织服务群众的过程中，党支部就要考虑将要开展的服务群众工作有没有相关的国家发展战略或区域发展规划，以及是否能够做好相关工作，直接或间接地贡献一分力量。这样做不仅仅是为了体现与党中央保持高度一致的政治意识、提高相关工作的政治高度，更是要营造出支部中的每一名党员都可以在服务群众的看似平凡的工作中，间接地为党和国家、所在地区的发展战略和规划贡献力量的意识和氛围，促进党员在为群众服务的过程中提升使命感、责任感、荣誉感。

4. 要注重自身建设

党支部开展服务群众工作，要做好支部的自身建设工作。要做好、坐实服务群众工作并取得一定的实效和成绩，离不开一支立场坚定、素质过硬、建设到位的支部党员队伍。这要求我们不能仅仅将重点放在工作本身，还要在支部日常建设上下功夫。在这个过程中，我们要注意抓住支部委员这个关键少数、重视党员骨干队伍建设、立足本职工作切实提升服务群众意识。只有把自身的队伍建设工作做好，使党的支部和党员在服务群众的过程中深入到人民群众之中，才能团结、带领人民群众为建成小康社会，实现中华民族伟大复兴的宏伟目标共同奋斗。

二、高校基层党支部共建服务群众工作的实践探索

高校基层党支部共建对服务群众工作开展了积极的实践探索，其开展途径及相关案例如下。

（一）高校基层党支部共建服务群众工作的途径

对于高校基层党支部来说，在共建当中开展服务群众工作，包括为共建支部及其服务对象中的群众服务、为共建支部自身服务群众工作提供支持等。

通过共建活动实施或促进服务群众工作一般具有以下途径：

1. 课程理论宣讲

这里说的课程理论宣讲大体上包括两种情况。一是以党的理论路线和大政方针为主题进行的党课、团课、党的重大会议精神等有关党的理论政策方面的宣讲，如高校学生党支部为共建社区的居民举办“十九大精神进社区”主题宣讲等。二是以自身专业为主题的科学、文化、

法律、业务等方面的专业知识为主题的宣讲或课程，如高校当中法学专业的学生党支部为共建单位开展普法讲座等。

2. 志愿服务

由于显而易见的原因，高等学校中的学生党员较为集中且普遍处于青年阶段，属于全部党支部类型当中青年党员占比最高的党支部。同时，为了保证学校教师队伍的结构平衡和长远发展，各大院校都会保证一定比例的青年教师，他们当中有相当一部分具有党员身份，这就为开展志愿服务提供了人员队伍的保障。由于年龄原因，大部分本科生党员和硕士研究生党员还保留着共青团员的身份，他们通过志愿服务的方式服务群众，也切合共青团支持大学生作为青年志愿者参与志愿服务的导向。

3. 人才和智力支持

高等学校作为高素质人才聚集地，人才优势和知识优势显著突出。在高等学校党支部与其他类型的党支部的共建当中，可以充分发挥这方面的优势，通过为共建支部单位提供知识、思想或技术方面的支持，促进共建支部单位自身服务群众工作有所改进和提升，也是一种很有效的服务群众的工作。这样的服务群众工作无须投入过多的人员和时间深入基层，但也能够为一方群众贡献一分力量。

4. 帮扶困难人群

高等学校的教师、学生、科研人员在一定的政策指引下通过共建活动对特定的地区、单位的党支部及其影响范围内的群众展开帮扶，或是与共建党支部共同对特定的特殊群众个人或群体展开帮扶，是共建活动服务群众中较为常见的形式之一，如走访慰问某地区困难群众等。这里的帮扶对象不仅包括一般意义上的经济困难的群众，也包括见义勇为人员、烈士家属等优抚对象。随着社会的发展，一些在特定方面有困难的群众正在被不断纳入党组织基于特别的关心和服务的范围，如自闭症儿童、计划生育特殊困难家庭等。在坚决打赢脱贫攻坚战、实现全面建成小康社会的背景下，这种共建也将被更广泛地应用到各类高等学校党组织的精准扶贫工作当中。

上述途径是高校基层党支部在共建活动当中开展服务群众工作的主要途径，但并不是全部的途径。许多新的途径正在由各高等学校的广大党员不断探索和实践，并在此过程中不断地进行总结、完善。我们也期待着高等学校党组织能够探索出更多的途径，以促进服务群众工作的发展和提升。

（二）高校基层党支部共建服务群众工作的实践探索

1. 高校基层党支部以人为本推动共建服务群众工作案例

刘筱毅在对高校基层党支部服务工作法的研究中，以北京信息科技大学的教学系部教师党支部为对象开展了理论研究。他指出，新形势下高校基层党支部需要以强化服务功能作为创新和改进工作的基本着眼点，以发挥战斗堡垒作用。①

针对服务工作法应秉持的价值取向，该研究认为服务工作法要秉持以人为本的理念，将广大师生的成长和发展作为党支部服务工作法的基本出发点和最终落脚点，并能够使基层党支部的特点和优势充分发挥。要坚持全心全意为人民服务的价值取向，一是使高校基层党支部真正成为师生的“主心骨”，真正做到“想师生之所想，急师生之所急”。二是使高校基层党支部成为向师生传递关怀的“温暖源”，为师生积极营造良好的团队氛围和融洽的人际关系环境。三是将高校基层党支部打造

① 刘筱毅．高校基层党支部服务工作法研究——以教学系部教师党支部为例［J］．北京教育（高教），2016（03）：39－41.

成师生成长发展的“助推器”，通过各方面机制的构建和完善来保证师生党员、群众的利益。

针对服务工作的内容载体建设和实施路径与流程，该研究认为教师党支部的服务内容包括以下内容：服务教学工作，提高教学质量；服务科研创新，创造科研成果；关注教师发展，贴近教师需求；重视青教成长，催生学术成果；关心教师生活，构建和谐氛围；服务学生成才，提高育人质量等。

服务载体要以定位服务项目为切入点、以建设服务平台为着眼点、以注重服务资源整合为要求，以加强服务载体建设。服务工作的设定一般需要经过以下过程：通过一定渠道获取服务需求信息；建立服务信息相关台账；支部对服务需求进行调研、论证与评估；支委会研究并提出服务工作初步方案措施；支部征询并形成意见；实施服务措施；征询意见并回复等。

针对服务工作法的评价及外部保障，研究认为评价体系建设要按照“形成性评价与总结性评价相互结合”“支部自评、师生评价、上级评价互为补充”的原则。院系党委（党总支）要做好对管辖党支部的管理、保障工作，对他们积极开展培训，加强工作指导；组织开展工作交流，及时推广服务群众工作中的好的经验做法。成效不明显时要加以督导，帮助党支部解决工作中的困难和问题，提供必要的支持等。

2. 高校基层党支部主题教育共建推动服务群众工作

陈红梅等在开展“两学一做”学习教育活动的背景下以塔里木大学经济与管理学院学生党支部为例，针对筑牢学生党支部服务群众意识进行了理论分析和实践探索。①

---

① 陈红梅，苏旭峰，郭亦如，路睿．筑牢学生党支部服务群众意识——以“两学一做”为例［J］．当代教育实践与教学研究，2019（01）：243－244.

该研究认为，服务群众作为党支部的职责之一，高校学生党支部的服务群众意识是否牢固一方面会较为深刻地影响高校思想政治教育的成果，另一方面也是检验“两学一做”学习教育效果的有效途径之一。当时，该学院的学生党支部采取了一系列方式，重点解决部分学生党员入党后理想信念不够坚定、工作学习松散、先锋模范作用发挥不佳等问题。包括注重新生党性教育，保持党员先进性、巩固和加深学生党员党性理论知识和认知、开展“两学一做”学习教育活动和素质拓展活动、组织志愿服务活动等方式，以此筑牢学生党支部服务群众意识、更好地履行基层党支部服务群众职责。其中既有常见的集中党课和自主学习等常规动作，又有根据自身实际情况开展的“塔河经苑”主题活动等自选动作。

总体上说，该学院的学生党支部的相关工作有序进行，效果良好。但通过党员开展批评与自我批评、对照检查等方式对工作进行反思和总结，发现了下列问题：一是学生党支部书记与支部委员的工作的积极性还有待进一步增强，原因是学生党员由于管理经验不足等问题存在较大的工作压力。二是工作效率还不够高，这主要是由于支部委员之间工作协调配合不足等导致的。三是坚持学习还不够自觉，即在日常学习上搞实用主义，知识结构单一，不善于理论联系实际。四是工作中创优争先意识不强，其原因是不善于对工作进行创新，不能灵活地掌握相关方针政策。

对此，该研究总结提出了如下对策建议：认真调查摸底，合理设岗，确定服务事项；支部积极动员，党员认岗，做出服务承诺；接受群众监督，公开亮岗，公示服务内容；严格督促检查，民主评岗，检验服务效果。

该研究对目标党支部的日常工作全流程、服务群众工作的促进机制和服务群众意识的培养提升过程进行了深入细致的分析，并且对于其运行中存在的问题具有充分、准确的认识，且能够为提升服务群众意识提出针对性的对策建议。其提出的对策建议对一些希望在学生党支部建设上有所改进和提升的高等学校学生党支部具有积极的借鉴意义。同时，也从本文研究的角度出发，建议该院校的相关学生党支部能够积极开展与相关基层组织、公共服务行业的党组织开展支部共建，在实践中培养和提升服务意识，会取得更好的效果。

3. 高校基层“服务型”党支部共建推动服务群众工作

针对高校服务型党支部建设与执行力及其建设的问题，王丽娟基于天津市某高等学校下属 12 个基层学院的师生党员、群众展开了研究。①

研究采用大范围问卷调查和小范围座谈相结合的方法，通过定量统计与定性分析相结合、调查与随机抽样相搭配的方式对研究范围内的服务型党支部执行力建设现状进行了分析研究。调查显示，基层单位党员的党员意识较强，但党员服务不是很乐观。二级学院的基层党支部建设较为完善，各方面工作非常规范，但学生党员和教职工党员的大部分时间、精力分别被发展学生党员和教学、科研、行政等工作占据。基层单位的服务型党支部建设半数以上处于“初具规模，还需不断完善”的境况。

在此背景下，研究人员对服务型党支部执行力建设现状进行了深入剖析。一是党员服务的理念建设还有待加强。科学的服务理念是党员开展服务工作的重要前提，但多数党员的服务范围仅仅局限在党支部内部和支部日常工作上。二是党支部服务氛围建设还不够浓厚，未能在群众中形成一定影响力。师生群众遇到问题和困难时，能够第一时间想到党

---

① 王丽娟. 试论高校服务型党支部建设与执行力的研究［J］. 统计与管理，2017（11）：38－40.

组织的、能够向党支部寻求帮助的还为数不多。三是党支部服务机制制度建设还有所欠缺。党支部服务工作存在无法深入到教工的核心工作中、深入到学生的成长成才中的困境。这说明支部建设还存在着制度建设和机制建设层面上的欠缺，从而出现了任务不明确、制度不完善、监督不到位、考核不落实的问题。

对此，研究人员对服务型党支部执行力建设提供了基本思路，并提出了具体的对策。要将党支部建设成党群之间的纽带，就要充分发挥党支部的执行力。把服务作为根本要求和基本职责，通过服务更加贴近师生群众，践行党的宗旨。为此应该做好以下三方面工作：一是增强党员服务意识，营造党员服务氛围。要在支部日常活动中加强党员服务意识教育，树立党员服务理念。通过搭建服务平台拓宽渠道，突出党支部的服务功能和服务力度。二是规范服务内容，明确服务指标体系。要求党支部建立起更加明确的服务内容，包括明确服务对象、服务范畴、服务途径、服务形式。要从师生党员群众的教育、科研等中心工作中找到抓手和切入点，不断拓展服务空间。三是加强制度建设，健全服务机制。要加强服务型党支部的制度建设，将服务型党支部建设的各个环节建章立制，促进服务型党支部规范化、常态化的可持续建设发展。

该研究以天津市某高等学校为案例，针对高校服务型党支部建设展开了全面、细致的研究。研究针对高校基层党组织联系服务师生群众状况进行了调研并获得了翔实的数据，这些数据对相关观点和建议均起到了较好的佐证和支撑作用。研究还分析了当前基层党组织有关服务、联系师生群众的突出问题和焦点问题，结合管理学理论中有关执行力的相关研究，对党组织的群众工作模式进行了创新，并探索了服务工作的新的着力点和路径，提出建立党组织联系服务师生群众的长效机制，有助于促进高等学校基层党组织增强服务意识，提升服务水平，从而更好地为高等学校基层党支部服务群众工作贡献力量。

三、高校基层党支部共建服务群众工作的思考

对服务群众工作共建的思考主要包括服务群众首先要深入群众、服务群众工作的评判者是人民群众、服务群众要共建双方共同发挥作用、要正确认识管理和服务的关系以及高校党支部共建中服务群众工作的注意事项等五个方面。

（一）服务群众首先要深入群众

高等学校是集中进行教学和研究工作的事业单位，本身具有一定的集中性和封闭性，还具有较高的行政级别。为了保证教师所教和学生所学能够符合社会发展需求、紧密贴合基层实际，高等学校每年都会举办不同形式的社会实践活动，让师生走出“象牙塔”，深刻感受社会各地、各行业的现状。高校党支部开展共建也是如此，只有做到深入群众、了解群众，才能做好服务群众工作。不论是教师党员还是学生党员，不论是普通党员还是党员领导干部，做服务群众工作都要深入群众，直面群众，从群众中来，到群众中去。

（二）服务群众工作的评判者是人民群众

服务群众工作是否到位，其评判者不是参与工作的党员，也不是上级领导，而是作为服务对象的人民群众。高校党支部开展服务群众工作，必须以切实提升人民群众的获得感、幸福感为最终目的，群众不接受、不认可的工作都是流于形式。这要求高校党组织必须明确所服务的

群众的需求，开展的工作直接解决群众的困难，不能仅仅为了举办活动、完成指标而开展共建。在共建活动的过程中也要时刻保证服务群众工作扎实到位、切实有效，坚决避免共建活动和服务群众工作出现重建立轻建设、重形式轻内容等问题。

（三）服务群众要共建双方共同发挥作用

服务群众工作是包括高校党支部在内的任何类型的党支部都可以且应当组织开展的工作。通过支部共建这一形式开展服务群众工作，就应当通过有效的方法和措施促进共建双方形成合力，在服务群众工作中共同发挥作用。否则就失去了双方共建服务群众的必要性和意义，双方完全可以各自开展，分头行动。

需要注意的是，双方共同发挥作用并不代表简单的双方共同参与。在实际工作当中，参与了不代表一定发挥积极作用，不参与也不代表发挥不了积极作用。对此要充分结合共建双方的性质、职能和优势根据实际灵活制定方案，不能简单执行，粗暴对待。

（四）要正确认识管理和服务的关系

为人民服务是我党的根本宗旨，开展服务群众工作是党组织和党员践行宗旨的重要方式。而党支部作为有着严格的组织性和纪律性的政治组织，各级党组织和基层党支部又行使着管理党员的职责，高等学校的一切工作也都在党的领导下进行。因此，管理和服务的关系也就成为群众工作当中不可避免，也必须面对的话题。人们常说“寓管理于服务之中”，但在实际工作当中处理好两者之间的关系并不容易。而这两者的关系处理的如何又直接关系到人民群众对党员及其开展的工作的看法。

习近平总书记在党的十八届二中全会指出：“要坚持以人为本、执政为民，在服务中实施管理，在管理中实现服务。”高校党支部在开展服务群众的共建活动的过程中，要根据习近平总书记的讲话精神，明确管理和服务的界限和二者的辩证关系，做人民群众满意的、认可的服务群众工作。不论是对学生还是教职工，不论是对党员还是非党员、民主党派成员，基层党组织要把管理和服务融合起来，对教职工要做好教学、科研、生活、心理等方面的服务工作；对学生做好学业、科研、生活、心理、助困、就业创业等方面的服务工作。要在管理中实现对党员、群众的服务，在服务中完成管理职能，使广大师生既能接受到党组织的服务、感受到党组织的温暖，又能认可、支持和拥护党组织的管理和领导，从而将党内外学生和教职工紧密地团结在党组织的周围，真正发挥党组织在群众中的作用。

（五）高校党支部共建推动服务群众工作的其他注意事项

1. 做好前期调研工作

高校党支部在共建活动中开展服务群众工作，不论是学生党支部还是教职工党支部，只要共建党支部是学校以外的单位，就多数是面对共建单位的群众进行。同时面对当代大学生要深入基层了解社会的要求，参与校外服务群众工作相对多一些。因此前期的准备工作，特别是调研工作就非常重要。开展调研的目的是了解服务的对象群众的实际情况和需求，以保证工作服务群众落到实处，取得实效。在这个过程中可以请共建党支部给予一定的支持和协助，以保证调研结果的准确性。

2. 教职工党员要做好表率

毫无疑问，教职工党员是高等学校党员队伍当中的骨干。他们的知识、经验对党的服务群众工作有重要积极作用。高校党支部在共建活动中开展服务群众工作，需要教职工党员，特别是党员领导干部发挥作用、贡献力量。

除了教职工党员开展的工作本身具有重要意义以外，更重要的是教职工党员要为学生党员做好表率，以实际行动带动学生参与服务群众工作，促进学生在工作中增强对党的宗旨的认识和党性修养，巩固提升学生党员的思想境界，为其进一步服务社会、为党和人民做贡献奠定良好的基础。

3. 充分发挥学生党员的积极性

学生党员是高等学校党员群体当中最年轻、最有活力和动力，也最需要在实践中丰富阅历、获取经验的党员群体。高校党支部在共建活动中开展服务群众工作，要充分发动学生党员参与，充分发挥学生党员为人民服务的积极性。这样既能够保证高校党组织开展服务群众工作具有充足的动力，也能让学生党员在课堂以外获得一个服务群众工作实践的第二课堂，促进学生党员在实践中丰富人生阅历、在服务中提高精神境界、在工作中提升党性修养。要使学生党员在为群众提供服务的同时，也为自己积累丰富的群众工作经验。相关服务群众工作开展的同时还能够增强党外学生对学生党员和党支部的了解，提高学生党支部在在校大学生中的影响力。

同时，教师党员和辅导员等相关领导老师要充分做好引导和保障工作，让学生党员敢于、勇于、乐于参加党支部的服务群众相关工作，保证学生党员的服务群众工作的质量和效果。

服务群众工作是党的基层组织在群众工作中的首要任务，通过在高校党支部共建中开展服务群众工作，做好服务群众工作，加强党和人民群众的血肉联系，用实际行动践行党的为人民服务的宗旨。

第八章　党支部共建与促进业务工作

高校基层党支部处于贯彻执行党的基本路线和党的教育方针，完成党的各项任务的第一线，担负着培养社会主义现代化建设合格人才的重任。加强高校党支部建设，直接关系到人才培养的质量，关系到我们国家的发展和稳定。高校中任何类型的党支部均以一定方式和规则组建，均依托于某一个、多个或部分实体组成。不论是学生班级、教师教研室、行政办公室、后勤服务企业还是其他类型的实体组织，均具有自身的业务工作和中心工作。而党建工作与业务工作又是相辅相成、密切联系的。作为支部党的建设工作的题中应有之意和重要目标，如何以共建方式促进支部业务工作就成为了支部建设的重要内容和研究方向。

一、党支部共建促进业务工作的重要意义

党支部共建促进业务工作的重要性体现在促进业务工作是党支部发挥支部作用的必然要求、是扩大党建工作覆盖面的重要举措，而且有利于巩固党的基层组织凝聚力。

在党的建设相关研究中，除业务工作以外还经常出现中心工作的概

念和用法。通常认为，中心工作是本单位业务工作当中处于核心地位的业务工作。因此，以党建或共建促进中心工作的相关研究，也在研究的范围内。

（一）共建促进业务工作是发挥党支部建设的必然要求

党支部是党在社会基层组织中的战斗堡垒，是党的全部工作和战斗力的基础。除本身以党务工作为专职业务工作的单位以外，各个组织单位都有自己的本职工作和业务工作，这些工作无一例外的都是在为国家和社会的建设做出不同形式的贡献。例如，高等学校的业务工作是培养社会主义建设者和接班人、科研机构的业务工作是服务国家战略需求和经济社会发展要求，围绕现代化建设需要开展科学研究等。

在这些组织单位当中，党支部应当起到，也必须起到符合自身定位和职能的作用，促进业务工作的发展、进步。如果党建工作不到位，致使党建工作并没有促进业务工作的开展和进步，那么这个组织单位的党组织的存在就失去了意义，发挥党组织的战斗堡垒作用就更是一句空话。

（二）共建促进业务工作是扩大党支部建设工作覆盖面的重要举措

党支部通过相关措施和行动促进所在单位的业务工作是党组织扩大党建工作覆盖面的重要举措。面对新时代、新的历史条件，各级各类党组织尤其是基层党组织对党建工作必须有所思考和创新，强化对业务工作提升、发展的促进作用。

不论是机关单位中的党支部还是社会组织中的党支部，如果能够将党建工作与业务工作融合发展、通过各种途径促进业务工作开展，将极大有利于本单位接受和认同党组织在促进组织单位的本职工作中的作用。“面对无数的发展快、分布散、变动大的新经济组织和社会组织，传统的‘单位制’党建已难以有效覆盖，迫切需要顺应时代要求，将建设重点向更多的经济领域和社会领域延伸。”① 这有助于使党组织的影响力覆盖更多的非公经济组织和社会组织，将党的战斗堡垒作用发挥到社会各个过去难以覆盖的角落，加强和巩固党的执政基础。

（三）共建促进业务工作有利于巩固党的基层组织凝聚力

党支部通过各种途径共建促进业务工作开展，对于巩固党的基层组织凝聚力将起到很大的推动作用。一方面有利于引导党员增强自身党性修养，增强服务社会、承担社会责任的大局意识和责任意识；另一方面也有利于党组织直接或者间接参与更多社会活动，促进所在组织内的非党员成员和组织之外的党员群众对党支部促进业务工作的认可。

当然，在实践当中还有一些组织单位的党建工作与业务工作之间的促进关系仍然停留在各干各的、各自为政的层面，这对基层党组织发挥作用带来了很大的挑战。这需要党组织内外共同发力，实现从各自为政到共同发展的转变。

二、高校基层党支部共建促进业务工作的实践探索

当前，高校基层党组织共建最普遍的形式和最主要的目标，就是通过共建促进业务工作。党支部促进业务工作的主要路径和高校基层党支部共建促进业务工作的实践探索如下。

---

① 王桂田．如何将党建工作与中心工作更好融合［J］．人民论坛，2019（24）：202－203.

(一) 高校基层党支部共建促进业务工作的主要路径

通常来说，党支部促进业务工作主要通过以下五种路径：

一是发挥核心作用，根据所在部门组织的性质和职能发挥相应的领导核心作用或政治核心作用。领导业务工作按照正确的方向发展，为开展业务工作坚定政治立场，保证业务工作在内的各项工作坚定正确的政治方向不动摇。

二是完善制度建设，为开展业务工作提供制度保障。如建立健全党支部组织生活制度、基层党支部工作经验交流制度、三会一课制度、组织生活会制度、民主评议制度等。① 以党的制度建设带动所在单位的制度保障，促进业务工作顺畅进行、高效运转。

三是提供思想指引，为开展业务工作提供精神动力。党支部通过对内凝心聚力、对外团结群众，充分发挥共产党员的先锋模范作用，将本单位的党员和群众团结成紧密的集体，为所在单位业务工作的开展提供强大的精神动力。

四是提供组织保障，为开展业务工作组建过硬队伍。党的任何工作都离不开一支高素质的党员队伍，党支部建设一支具有过硬的理论水平、出众的业务能力、优良的综合素质的党员骨干队伍，能够为业务工作的发展起到很好的保障和促进作用。

五是强化纪律建设和作风建设，保障业务工作风清气正。纪律严明是我党的优良传统和独特优势，作风建设永远在路上。纪律建设和作风建设是否到位，直接关系党的团结统一，关系党组织的战斗力，关系党的各项任务能否顺利完成。党支部率先垂范做好纪律建设和作风建设，

---

① 王慧杰. 高校学生党支部建设促进中心工作的实践与探索［J］. 淮海工学院学报（人文社会科学版），2012，10（15）：16－18.

是防止业务工作参与者腐化堕落、保障业务工作风清气正的重要条件。

（二）支部共建促进业务工作的实践探索

探索包括共建在内的党建工作和业务工作的互动和发展，对加强党的建设具有十分重要的意义。针对党支部如何通过共建促进业务工作，各行各业的党务工作者都正进行着思考和探索，力图打造党建工作与业务工作共同发展、相互促进的新途径。

1. 科研院所基层党支部结对共建融入业务工作的思考

科研院所与高校在科学研究、人才培养等方面具有相近的职能和相类似的背景，其相关案例对高校通过共建促进业务工作，同样具有良好的参考作用。丁维荣等在科研院所基层党支部结对共建融入业务工作的思考研究中，以江苏省农业科学院为案例，分析并研究了农业科研院所基层党支部结对共建的意义、形式及内涵，分析了共建过程中存在的主要问题①，并提出了相关建议，包括坚持思想引领，融入业务工作；强化担当意识，参与结对共建；注重长期规划，建立保障机制；精心策划共建，创建品牌特色等。这些建议对新时代背景下基层党支部党建工作的创新发展和融入并支撑业务工作具有重要促进作用。

研究认为，党支部结对共建融入业务工作，要重点围绕“领导、参与、支持、落实”的八字职能定位，履行参与决策、服务发展、监督保障的职责，发挥科研院所基层党组织在单位中的政治核心和战斗堡垒作用。

2. 党史研究室基层党支部与高校马克思主义学院研究生党支部之间的共建实践

---

① 丁维荣，艾玉春，蒋国龙，汪吉东．农业科研院所基层党支部结对共建融入中心工作的思考［J］．农业科技管理，2018，37（06）：93－96.

面对以肆意歪曲历史、抹杀历史真相为主要特征的历史虚无主义甚嚣尘上、混淆视听的局面，中共上海市委党史研究室征编处党支部与复旦大学马克思主义学院 2015 级研究生党支部以“抵制历史虚无主义与增强文化自信”为主题开展了党建共建交流座谈会①。座谈会上，两个支部的党员就党史研究相关问题发表了观点并进行了充分讨论，表达了自己的鲜明立场。双方表示，本次共建活动对马院党员在学习、研究的过程中形成抵制历史虚无主义的理性自觉非常有意义、对党史研究室的工作人员在业务工作中聚焦文化自信和反对历史虚无主义很有价值也很具启发。

不同于从事提供一般公共服务的事业单位和科学技术教学研究的学校学院，党史研究室和高校马克思主义学院均是将党的理论和历史的学习研究作为本职工作的组织机构，是理论学习研究和意识形态领域的重要阵地。同时，在这一类型的单位、部门当中，其业务工作和党建工作有极大的关联程度，具有高度的同步性。在这种党建工作与中心工作大量重合的情况之下，双方的共建不仅对于党建工作意义重大，同时也极大地促进了各自的中心工作发展进步。

3. 以“育德与育心相结合”为主题的高校支部基层党务工作与业务工作融合的研究

王淼针对高校支部基层党务工作与业务工作融合的问题，以新时代高校党建示范创建和质量创优工作“1000 个党建工作样板支部”之一的黑龙江外国语学院英语系教工党支部为例开展了实践探索和研究。②

案例中，英语系教工党支部刚刚经历了院系调整和换届选举，党务

① 刘捷．“坚定文化自信 杜绝历史虚无主义”——上海市委党史研究室征编处支部与复旦马院研究生支部开展党建共建活动［J］．上海党史与党建，2017（07）：2.

② 王淼．“同心共建新征程”活动，在教学岗位中将育德与育心相结合——高校支部基层党务工作与中心工作融合案例分析［J］．智库时代，2019（18）：151、154.

工作普遍面临着“三会一课”组织形式单一、会议内容和模式枯燥、理论学习时间与教学时间冲突且不易协调、党员教育不能有效结合实际等问题。

在此背景下，英语系教工党支部通过以下方式，围绕“三会一课”展开支部的发展与建设工作。一是以观影《榜样》为牵引，将具有新时代特征的优秀党员模范作为学习目标并结合专题纪录片，纳入“两学一做”学习教育范畴内容。促进教工党员切实将思想和行动统一起来，提高政治站位，在复杂的国际形势下，展现新时代高校教师业务过硬、思想坚定的时代风采。二是开展“课堂＋课下辅导”教育实践活动，通过“党员教师进课堂”“英语地带”“学生晨读教练团”等一系列主题活动，把“三会一课”从会议室内开到室外，开到学生服务对象当中。系列活动既是对课堂教学的延伸和补充，也形成了有效的第二课堂育人模式。活动进一步树立了党员教师的模范担当的先锋形象，让学生真切感受到了教工党组织的温暖。三是实行“社会实践”导师制，教工党支部书记带领学生参与“哈尔滨时装周”全程观摩学习，将校内实训与校外实习实践相结合，提高学生与岗位需求相匹配的翻译能力。

在这个过程中，黑龙江外国语学院英语系教工党支部结合基层党支部特点，就如何充分发挥党建工作对服务教育改革、服务师生等业务工作的促进作用进行了积极的实践探索，基本实现了党务工作与业务工作的有机融合。

实践证明，改变固有模式，开展切实服务于师生教学为中心点的活动，把党建工作的学习与实践巧妙结合起来，对于创新基层教工党支部的发展与建设，推进党建工作理念创新、内容创新、方式创新具有重要作用。同时也是所在的学院系部整体发展、取得更好成绩的重要一环。

我们也要看到，改善党建工作促进业务工作的同时，该案例还具备继续发展和改进的条件。即可以结合专业特点，与院系相对应的学生党支部展开共建。这样可以在现有成效的基础上有效促进学生党支部的党建水平和文化课程学习共同提升，促进学院整体党建工作再上一个新台阶。

4. 有关党建工作与业务工作的其他案例

柳铎在高校党建工作与业务工作融合研究当中以山东理工大学农业工程与食品科学学院为对象进行了研究。① 他系统梳理了学院的党建工作与学院发展现状，提出了融合深度有待提高、内涵有待深入、关系界定不清晰、合力尚未形成等问题，并针对现状提出了“五项工程”：着力加强顶层设计的规范化工程；全面落实从严治党的廉政工程；夯实基层支部建设的活力工程；搭建榜样示范平台的先锋工程；做实教师思政教育的铸魂工程。

冀玉军针对国企党建工作融入业务工作的实践，以中国石油辽宁销售公司党委为对象进行了研究。② 他强调，“如何使党建工作与业务工作深度融合，切实将党的政治优势、组织优势和群众工作优势转化为企业的创新优势、管理优势、竞争优势，实现企业核心竞争力的提升和国有资产的保值增值，是国企党建工作的重要课题”。

对此，他提出了加强政治建设、思想建设，提供政治引领；贯彻党管干部原则；创新基层党组织设置的制度安排；以主题活动为途径促进企业经营发展；搭平台亮身份，有效发挥党员先锋模范作用五点经验总结。

---

① 柳铎．高校党建工作与中心工作融合研究［J］．山东理工大学学报（社会科学版），2019，35（03）：60－64.

② 冀玉军．国企党建工作融入中心工作的实践［J］．石油人力资源，2019（01）：85－88.

周彤、杨美玲基于广西电网县级供电企业的基层党支部建设实践针对基层党支部融入中心工作的策略展开了研究①。研究提出基层党支部存在管理弱化情况的原因包括上级党组织对基层重视不够、基层党支部负责人配置不合理、基层党支部的党员教育形式僵化等。对此提出了加强对基层党支部负责人的角色定位和工作观念转变、基层党支部主动融入中心工作助力创先、加强基层党支部战斗堡垒作用和发挥党员先锋模范作用、加强基层党员队伍建设以提升党员战斗力的改进策略。

研究认为，加强基层党支部融入中心工作，可以充分发挥基层党支部的作用。基层党支部要将注意力集中在业务工作的难点，支持支部党员充当课题研究和技术创新的“主攻手”，带头解决实际工作中存在的难题。

三、高校基层党支部共建促进业务工作的思考

高等学校开展党建工作，必然要充分发挥党支部的战斗堡垒作用和方向引领作用。这是我国教育事业的性质和目的、高等学校的性质以及科研院所基层党组织在单位中的政治核心地位决定的。如果党支部在开展工作时不主动发挥作用，不参与和促进业务任务，就发挥不出基层党组织应当起到的作用。

高等学校是我国实施科教兴国战略和人才强国战略的主力军。高校学生党支部是高校党的工作和战斗力的重要基础，是实现党对高校工作领导的重要环节，是从政治上、思想上、组织上团结和凝聚大学生的基层组织，是党联系广大青年学生的重要桥梁和纽带，也是对大学生党员

① 周彤，杨美玲．基层党支部融入中心工作的策略分析［J］．企业改革与管理，2016（04）：162.

进行教育和管理的最直接有效的载体，担负着教育、监督、培养和发展学生党员的重要职责。加强高校学生党支部建设对于高校坚持社会主义办学方向、促进业务工作具有非常重要的意义。

（一）要以业务工作成效作为检验标准

在新时代推进党的建设新的伟大工程的要求下，各级各地党组织均在实际行动当中探索着如何通过包括支部共建在内的加强党的建设的途径，使党建工作对业务工作起到促进作用。一些基层党组织已经摸索出了行之有效的方式，对其所在单位的业务工作起到了切实的促进作用。

但仍然要注意，对于某项支部共建工作及其成果能否真正对业务工作起到促进作用，要以该单位的业务工作是否取得了实质性的提升来检验。同样的，某个党支部的党建工作是否起到实效，也要用支部所在单位的业务工作的成效来衡量。

（二）推进党建与业务工作融合发展

开展包括支部共建在内的党建工作的目的是推动和促进业务工作的发展和进步。但实际当中经常出现单位、部门之内的党建工作和业务工作存在“两条线”的推进方式，双方各干各的，互不干扰。这种工作方式很难使党建工作对业务工作起到促进作用。针对这种工作方式，要促进单位、部门之内的党建工作和业务工作共同推进，融合发展。

推进党建工作与业务工作共同进步、融合发展不能一蹴而就，需要从思想认识、基层党组织建设和党建活动载体这三方面入手，坚持融入业务抓党建、抓好党建促发展，充分发挥高等学校党支部的特点和优势，紧扣高等学校“为党育人、为国育才”的初心使命和“立德树人”的根本任务来进行。

（三）促进业务工作要坚持立足实际

通过支部共建促进业务工作，必须立足自身党支部或共建党支部所在单位的实际情况开展工作，在工作中立足实际，不搞“一刀切”的形式主义，促进原则性与灵活性的有机结合，真正为促进业务工作起作用。

例如，针对支部党员对党的理论学习不够，对中央和上级党组织的新举措了解不够，对党和国家赋予的历史使命理解不深的情况，共建活动就应当将重点放在理论学习和思想政治工作上，支持党员以更高的理论水平指导业务工作。针对支部党组织对党建活动载体和内容缺乏创新，对先进党员的事迹报道不够及时的情况，就要通过共建活动帮助其改进宣传工作，营造良好的舆论宣传氛围，促进其充分发挥舆论的引导、促进和激励作用。

而针对一些任务繁重、进度紧张，学习、教学、科研等工作标准越来越高的单位、部门，加班加点对于很多党员同志来说是家常便饭，由此导致用于开展党建活动的时间就更少了。在此情况下，开展共建活动就应当根据业务工作的特点和需求，灵活调整共建活动的时间和形式，尽可能为业务部门开展工作创造环境，提供便利。

在高校基层党支部共建中，要深入推进业务工作的发展落实，以充分发挥支部作用，扩大党建工作覆盖面，巩固并提升党的基层组织凝聚力，从而提升党的建设质量。

第九章　高校基层党支部共建存在的问题及对策

在党的建设中，普通高等学校党的建设是其中的重要一环。普通高等学校党的建设水平高低关系到能否充分发挥普通高等学校基层党组织的作用。加强普通高等学校基层党组织建设对新时代背景下打牢党的全部工作和战斗力的基础、贯彻落实党的基本路线和教育方针等具有重要意义。其中，高校基层党支部共建在经过共建受益强化后，会为高校基层党组织建设提供正向反馈，强化高校基层党组织能力，使其在高校各项工作中发挥更大作用，形成一种可持续发展的基层党组织共建模式。

通过文献分析和走访调查发现，目前高校党支部共建主要存在思想认识、管理创新、规范化和保障体系建设的问题。研究高校党支部共建存在的问题，并针对性地提出解决对策，可以为优化高校党支部共建、强化高校基层党组织建设提供助益。

一、思想认识方面存在的问题及对策

在高校基层党支部共建中，思想认识是否正确、到位，直接决定了高校基层党支部共建基础是否扎实牢靠，决定了高校基层党支部共建能否顺利开展。现阶段，高校基层党支部共建在思想认识方面主要存在以下几方面问题。

第一，对高校基层党支部共建的重要性认识不到位。在高校基层党支部共建的实践中，认识不到位的问题主要体现在两个方面：部分党员对高校基层党支部建设的重要程度认识不到位和对党支部共建的重要程度认识不到位。无论是未能认识到高校党支部建设对于高校的重要意义，还是未能认识到党支部共建对于党的建设的重要意义，都会影响到高校党支部共建的顺利开展。

习近平总书记在全国高校思想政治工作会上指出，“要加强高校党的基层组织建设，创新体制机制，改进工作方式，提高党的基层组织做思想政治工作能力。”高校办学功能的发挥，党的建设是关键。高校基层党组织由教师党员和学生党员组成，高校落实立德树人根本任务，教师是主导，学生是主体。因此，在高校立德树人方面发挥战斗堡垒作用，关键在教师党员和学生党员。优化和提升高校基层党组织建设工作，对于推动高校全面落实立德树人根本任务和发挥高校职能具有重要意义。

以共建促党建，高校基层党支部共建对于坚持党的领导、加强党的建设具有重要意义。党的十九大报告指出：“党政军民学，东西南北中，党是领导一切的。”① 在党的建设领域，十九大报告明确提出新时代党的建设总要求，明确提出要把党的政治建设摆在首位。高校基层党支部共建是新形势下坚持党的领导、加强党的建设的有益探索和积极举措，是全面从严治党新征程中应该长期坚持的重要工作。

解决对高校基层党支部共建重要性认识不到位的问题，需要在高校党组织当中宣传高校基层党支部建设及共建的重要性和意义，使高校党

---

① 习近平．决胜全面建成小康社会 夺取新时代中国特色社会主义伟大胜利——在中国共产党第十九次全国代表大会上的报告［M］．北京：人民出版社，2017.

支部特别是基层党支部在认识上提高站位，从源头上把好关口，从而确保高校基层党支部建设及共建的顺利开展。要按照推进“两学一做”学习教育常态化制度化的要求，定期开展党员主题活动，根据实际需求开展党建共建活动。提升支部党的建设科学化、制度化、规范化水平。

第二，党员归属感不强。由于高校基层党支部共建涉及两个或多个党支部，支部成员在共建工作开展初期彼此不熟悉，仍会以各自的支部为团体开展活动，难以形成共建支部的认同感与归属感。

开展共建的党支部双方可以通过以往的共建案例、书籍资料、调研结果等寻求共建思路，激发党支部成员参与共建的积极性，提升共建的凝聚力。党组织要切实了解支部成员的真实需求，在创新共建活动形式与制定激励机制上下功夫，制定充分调动支部成员积极性的活动方案，将共建双方的成员充分融入其中，使其感受到共建双方党支部的和谐统一，以此破解归属感不强的难题。具体来讲，首先，可在共建工作中对党支部的积极分子、党员发展对象进行指导，共建双方选派优秀党员对双方的入党积极分子、发展对象进行联合指导，对其培养过程进行严格把关，结合自身发展的过程和经验对其提供帮助。这样既可以保证党员的培养质量，又可以增加党员对支部的认同感与归属感。其次，在高校党支部共建的过程中，可以校园活动为载体，开展丰富多样的共建活动。例如，教师党支部与学生党支部开展共建时，可以结合党支部成员的专业特色，开展针对性的支部共建活动，丰富支部共建活动的形式及内容，充分调动参与共建的党支部成员的积极性。班主任、团委辅导员老师可在支部共建活动中贴近学生生活，了解班级学生的思想动态，及时解决学生的困惑和问题，更好地培养学生。与此同时，还可凭借校园优势，充分发挥各班级团支部、校院两级学生会、各类学生社团等力量，形成合力共建的积极氛围。最后，要注重通过提升党组织的服务功能加强党员的归属感。根据共建对象的不同，开展适宜的共建内容，对党组织成员提供服务。例如，师生党支部共建中，教师党员可对学生党员提供学习上的辅导，通过带领学生党员参与科研工作，提高学生党员的科研能力；校企党支部共建中，高校党支部可为企业党支部提供人才资源与智力支持，通过对企业党支部成员进行专题讲座等方式，提高企业党支部成员的思想认识水平。同时，企业党支部可为高校党支部成员提供实习场所，重点给学生党员提供实习机会，锻炼其实践能力，丰富阅历；高校与社区党支部共建中，高校党支部可对社区的文化建设提供助益，无论是教师党员，还是学生党员，都可利用闲暇时段开展“送文化进社区”志愿服务活动，面向社区成员举办公益课堂等活动，为其提供力所能及的服务。高校也可通过搭建志愿者队伍建设平台，组织师生党员志愿者积极参与社会公益活动，帮助社区工作者开展工作，服务社会建设。同时，社区党支部可为高校党支部提供实践场所。共建双方可以定期在社区内部开展共建活动，加强彼此间的交流沟通。通过资源共享，共建双方都可以从共建活动中受益，党组织的服务功能也可以得到充分的发挥，从而使参与共建活动的党员增强对党组织的归属感。

第三，共建双方思想契合度不高。由于共建双方在组织共建前的目标不同，在开展共建时虽然制定了双方共同认可的目标，但这与各自之前的目标又有着主次之别，这导致共建工作对共建双方而言不是其日常的主要工作，双方思想契合度不高，无法开展更深层次的合作，也将影响到共建工作的质量和效益。

解决共建双方思想契合度不高的问题，最重要的是要从畅通交流入手。首先，高校基层党支部共建工作的组织者应定期交流，从最初的工作设定上把好关口，并在后续工作中保持交流沟通，定期反馈共建活动开展的情况，发现问题后及时根据情况进行解决。其次，共建活动的设计策划者应多组织小组类活动，通过建立联合党小组等方式，促进支部成员团结协作，共同完成活动。同时也应定期开展线上和线下的组织生活会，使所有参与党员可以定期反馈参与共建的情况以及自身遇到的困难，使共建活动的组织者根据情况及时开展相应工作。最后，共建活动的所有参与党员也应建立定期联系，加强彼此间的交流沟通。一方面，通过共建活动本身加强交流沟通。在参与共建活动时，所有参与者都是同一个共同体中的成员，无论在共建之外的关系是师生、上下级还是合作者等，在共建中都是同一个组织的成员，彼此间要进行良性的互动，形成良好的关系。以师生党支部共建为例，目前，高校教师与学生日常之间的交流沟通往往集中在课堂上。在以教学为主要任务的教师中，存在相当比例的教师仅仅在课堂上面向学生传递知识，课下的教书育人作用发挥不明显。特别是不坐班的教师，当所教课程结束后，教师与学生之间的交流沟通非常少。对于负责行政的教师，由于缺少课堂这一沟通媒介，与学生的日常交流更少。针对此类问题，开展师生党支部共建就成为重要的解决之法。党支部共建为教师党员与学生党员提供了一种新的交流沟通渠道。一方面，通过支部共建活动，教师党员与学生党员可以加强联系，相互学习，共同进步。另一方面，在共建活动之外，参与者也可通过网络交流平台随时沟通，从了解彼此开始，逐步熟悉，加强彼此间的信任。

解决共建双方思想契合度不高的问题，也可通过开展教育和引导工作入手。首先，在共建过程中，要关注参与党员的思想动态。当参与共建活动的党员流露出不良情绪或呈现不佳状态时，共建工作负责人要实时了解情况，对其进行情绪状态的疏通引导。同时通过集体学习、一对一谈话等方式提高参与党员对共建工作的认可度、参与度。与此相对应，参与共建工作的党员的思想契合度也会随之逐步提高。其次，应针对性地开展学风建设。在高校教工党支部与学生党支部共建过程中，教工党员、党组织要注重对学生的关怀、辅导，协助解决学生在专业学习中遇到的各类问题。在专业学习的基础训练之外，在共建中促进学生不断夯实专业基础，提高学习能力，加深思想深度。在此过程中，要定期对学习情况进行总结，依照程序进行上报，使共建工作的组织者及时了解共建参与者的思想认知情况，对共建工作做出适当的安排和适时的调整，把握正确的工作方向。

二、管理创新方面存在问题及对策

由于高校党支部共建必然涉及多个主体，因此管理问题自然成为高校基层党支部共建所必须面临的问题，其中又以管理创新的问题最为突出。目前，高校基层党支部共建中存在的管理创新问题主要体现在共建活动参与面窄、共建活动形式单一、共建活动内容单调、共建时间协调不到位等方面。

第一，共建活动参与面窄。将高校基层党组织常见的共建活动整理起来，仍然存在共建类型相对单一、共建目的相对一致的情况。归结起来，就是共建活动的参与面相对狭窄。共建类型方面，高校范围内的共建多见于师生共建，对于学生共建、本研共建、硕博共建等新形式的探索实践还不够丰富、到位。高校范围以外的，教师、行政后勤党组织多见与党政机关企事业单位党组织之间的共建，学生党支部多见与社区乡村基层党组织、中小学校党组织的共建。总结起来，就是教师和学生“各干各的”，存在“大人找大人、小孩找小孩”的趋势。共建目的方面，高校基层党支部共建绝大多数具有明确的目的导向，但多集中于党的某方面理论知识的学习或完成上级部门及其党组织在某一方面的工作要求。例如高年级特别是毕业年级学生党支部的共建多数趋向于就业主题，硕博研究生党支部的共建多数直接或间接服务于科学研究等等。

改善这一现状，就需要采取措施拓宽共建活动的参与面。除上述已经相对成熟且到位的共建类型以外，高校基层党组织还需要深刻认识社会和时代发展形势，结合自身发展要求和水平统筹规划党建共建工作，在条件允许的情况下不断创新结对共建的形式与载体，将高校基层党组织共建活动的类型丰富化、多样化。在更广阔的空间，发挥更大的作用。将高校基层党组织共建活动的参与面逐步拓展至院地、院企、院院、院村、师生、院与其它社会机构，掌握以高校基层党支部为主体的等多种共建模式。

第二，共建活动形式单一的问题。当前高校基层党组织共建活动的形式多数遵循传统习惯和既有案例，一定程度上缺乏创新，主要表现再传统的座谈会、听讲座等仍然是其主要的活动形式。创新力不足，自然缺乏必要的吸引力与影响力，无法真正满足不同群体党员的整体需求和同一群体内部不同党员的个性化需求。这些传统形式上的共建活动主要聚焦于党的理论知识，体现为纯理论知识单方面的输出与出入。即使在讲授理论知识后安排了讨论交流、发表感想等环节，理论性内容仍占据了较大的比例。理论知识的学习交流固然重要，但只采取单一的讲授理论形式，会降低共建双方的积极性、互动性，从而导致共建的持续性缩短，效果减弱。

因此，在高校基层党支部共建活动中，应考虑到参与的主体的特殊性，根据共建对象的性质、特点进行动态调整，尽可能地丰富共建活动的形式，形成优势互补，资源共享，互助共进的新的有机互联的共建模式，例如，在教师党支部与学生党支部的共建中，可将教师面向学生开展的讲授理论知识改进调整为师生间的教学互动。教师党员在人生阅历与知识积累上显然优于学生党员，但学生党员相对于教师党员也有其特点和优势可以发挥，比如其接受新事物的能力较强，在信息化程度高度发达的时代可通过互联网平台更快地了解新技术、新事物、新生态，对一些高新技术及其衍生事务的应用能力和熟练度要优于教师党员。师生党员在共建过程中，都可在彼此身上学习到新事物。在教学互动中，可将师生党员的优势充分发挥出来，促使双方的主体性达到相对平衡的状态，形成共建的良好氛围。除师生间的教学互动外，可通过教师党课竞赛，学生当评委这一形式增加学生在共建过程中的主体性。也可通过教师与学生一对一或一对多的形式进行分组，采取小组赛的形式增加共建双方的合作机会，在合作的过程中加强共建双方的互动性与积极性。在高校与企业党支部共建活动中，企业党支部可以邀请高校党支部的成员到企业参观，通过实地学习加深对企业文化的了解，从而有利于共建双方的了解程度的提升。对于专业对口的高校党员，可以在企业中进行短期实习，实习期表现优异的党员可以增加实习机会或拓宽实习范围。通过实习，增加共建双方的交流沟通。在实习过程中，通过解决实际问题，将理论运用于实践。

第三，共建活动内容单调的问题。共建活动内容过于单调，多以组织生活为主。而组织生活中的一大主要内容就是对重要文件、会议精神等理论内容进行学习领会。大部分基层党组织的组织生活与自身业务范围、本职工作的相关程度不高，未能很好地结合自身的业务工作举行活动，也就无法将党建引领的效果良好地发挥出来。

解决这一问题，需要深入共建双方的日常工作，找出双方本职工作的“结合部”，开展具有针对性的共建活动。例如，在师生党支部共建中，可结合教师的本职工作——教学，学生的中心工作——本职，开展兼具教学和学习的共建活动，在共建活动中兼顾教师与学生，发挥二者的主体性；在校企党支部共建中，可结合高校的文化育人与道德教育和企业文化的建设开展共建活动等等。结合共建双方的中心工作进行专题研讨，而不局限于学习文件，可丰富共建活动的内容，调动共建双方参与共建活动的积极性，达到良好的共建效果。

第四，共建时间协调不到位的问题。党支部共建必然涉及两个或更多的主体，如何协调好双方或多方的时间安排就成为了高校党支部共建必然面临的问题。在高校党支部当中，学生党员的日常学习任务较重，主要时间精力都用于学习、科研方面，部分面临毕业的学生党员还需将时间精力放在升学、就业的相关事务上；教师党员本身承担大量的教学与科研任务，部分骨干教师还要将部分时间精力用于兼顾行政事务、学生思想政治教育等方面，时间更加难以协调。作为组成高校党支部成员的主体，学生党员与教师党员的时间安排总体来说较为清晰、相对稳定。当高校内部的党支部开展共建时，共建时间通常容易协调。当高校党支部与高校外部的党支部，如街道、乡村、社区、政府机关、企业等党支部开展共建时，因共建的双方主体的身份定位差异较大，日常的学习工作节奏、规律和侧重点自然不同。这就导致双方的工作时间、休息时间发生冲突，在此情况下往往会出现共建时间难以协调的局面。若以其余时间段组织共建活动，又会较大概率和程度降低共建参与者的积极性，从而影响共建活动的质量。

面对共建时间难以协调的问题，要求共建双方在开展党支部共建的过程中创新活动开展方式和时间协调方式，尽可能协调现实可行且最长的时间安排，将能够协调的时间的使用效率发挥到最大。在网络新媒体繁盛的时代，高校党支部共建工作可紧跟时代潮流，创新性地将将互联网、VR、AI 等智慧技术应用于共建活动之中。例如共建双方通过“微信”、“微博”、“学习强国”、“bilibili”等网络平台开展学习交流活动。

还可通过互联网会议平台举办视频会议，切实打破共建活动所受的时间、空间的限制，有效节约共建参与方的时间、精力、经费等各类资源。在保证信息安全的前提下，各基层党组织内部也可通过网络平台进行随时随地的交流，进行便捷的党务政策传达及党课学习通知公告等工作，以便开展更好效果的共建学习。

此外，通过网络平台，共建双方可以在第一时间掌握双方的学习状态，随时调整共建的具体内容，提高党员学习的覆盖面。在传递时事政治热点和重大新闻、公布突发事件等方面，互联网、新媒体具有传统媒体不具备的重大优势。共建双方可以此为依托，在自身建设的基础上积极互动，加深双方协同建设程度。在共建双方合作融合之后，还可搭建共同的新媒体平台，定期发布共建内容和成果。总的来说，依托和搭建网络平台进行线上共建，既可以弥补线下难以协调共建双方时间的问题，又具有传统共建活动完全不具备的优势。

三、规范化方面存在的问题及对策

在高校基层党支部共建中，提高党建的规范化始终是组织建设的重点工作。应大力解决当前基层党建工作中规范化存在的资源缺乏整合、党员发展和教育不规范等问题，对提升基层党建工作规范化水平进行有益探索，切实提高高校党支部共建的规范化水平。

第一，资源缺乏整合。首先，高校基层党支部内部资源缺乏整合。这一点主要体现在学生党支部上。学生党支部的书记通常由学院的老师兼任。无论是担任教学工作的老师还是从事行政事务的老师，其日常的工作职责都比较重大。由于日常工作繁重，兼任学生党支部书记的老师难免对党支部共建工作的时间与精力分配不够，也容易忽视党支部共建的重要性。当共建工作下放到学生党员干部时，由于学生党员资历不足，存在经验少、思路少等问题，这势必会影响共建工作的有效开展。而在教师党支部中也存在类似的问题。冯成等研究认为："教师党支部具有教学、科研任务的双重性，在高校一线工作中起到了至关重要的作用。但是，当前大部分教师党支部的支部委员会成员都是教学、科研、管理等业务多肩挑，一定程度上导致了部分支委会成员重视个人业务工作，忽视党支部建设工作。长此以往，党支部建设完全停留于口号上，支部活动以应付检查为出发点，党支部工作缺乏创新性和有效性等。"①其次，高校基层党支部共建的整体资源缺乏整合。由于高校党支部共建涉及两个或多个主体，如何有效协调、整合不同主体各自的资源，使之更好地为共建工作服务就成了问题。

解决资源缺乏整合的问题，首先需要争取到上级党组织的支持与指导。将共建工作的安排与活动的策划定期向上级党组织汇报，听取上级党组织的意见与建议做出适时的调整。同时，上级党组织也应定期视察下级党组织共建工作的进展与成效，发挥监督职能，及时将尚在萌芽的问题解决。其次，共建双方可互派党支部成员了解对方的资源整合情况，起到互相督促的作用，同时在了解资源情况后加以讨论，制定更好的资源整合方案，以方便后续共建工作的进展。再次，对于共建工作所缺乏的资源，共建双方可以积极地寻求内部与外部的帮助。高校可在校内与校外进行资源的搜寻，高校的校外共建对象，如企业党支部，可通过与客户、合作伙伴等的联系寻求所需资源；社区党支部可通过与社区所在区域内的商铺、企业等寻求所需资源，亦可通过社区内部成员的现有资源进行扩展。最后，高校党支部共建的所有参与党员应该集思广

① 冯成，董抗．新时期高校师生支部共建的创新模式探究［J］．中国多媒体与网络教学学报（上旬刊），2018（03）：86－87.

益，为资源整合出谋划策，积极探索资源整合的最佳方式，在共建活动中及时上传下达、内外联动，将资源整合的效果充分发挥出来，为之后的共建活动提供有益借鉴。

第二，党员发展和教育不规范。在高校基层党支部共建过程中，因共建主体各自的目标不同，协调统一度不深，一定程度上会导致对学生党员的发展与教育管理不规范的问题。例如，在校企共建的过程中，由于学生党员的实习占据了在校的时间，一方面会影响学生党员自身知识积累的速度和深度，另一方面会使高校党支部对学生党员的培养、考察、教育等环节的时间压缩。汪茜研究认为："实习期间的这些实际情况给学生党员的发展和教育管理带来了一些影响：一是学校党组织很难定期对实习期间的党员学生、积极分子实施有效教育与管理，给培养考察带来了困难；二是学生党员和积极分子觉得已经脱离学校党组织，容易放松对自己的要求；三是没有进行跟踪管理，党员和积极分子的先锋模范带头作用得不到有效发挥。"①

解决党员发展和教育不规范的问题，需要依据各支部的实际情况进行针对性的改善。同样以校企共建为例，当发现学生党员的实习时间影响到党员的发展与教育管理时，就要针对实习期间的发展与教育方式进行探索。在学生党员实习期间，学校党支部在与企业党支部共建时，要着重协同育人平台的搭建，将共建工作的重心放在对党员的发展教育上。除了高校中的学生辅导员及导师外，在企业中也设置相应的导师对学生进行辅导，了解学生党员的思想状况，与学生辅导员及导师进行沟通交流，合力完成对学生党员的培养。同时制定系统化的党建联系制度，加强与支部成员的联系，实现对学生党员实习期间发展与教育的

---

① 汪茜．"校企合作"背景下基层党组织结对共建的探索与实践——以长沙民政职业技术学院为例［J］．现代交际，2018（02）：41－42.

强化。

同时，共建双方可以临时组建专班，例如联合党小组等，双方共同选派党员担任负责人，并制定系统化、规范化的规章制度。临时专班的有关规章制度应以一方或双方党支部的规章制度为基础，结合共建双方的目标加以调整，寻求最符合共建双方目标要求的管理体系，从而更好地规范党员的组织生活。

此外，解决共建中党员发展和教育不规范的问题，需要回溯到高校本身，解决高校中存在的党员发展和教育不规范的问题。在高校内部，改进党员发展和教育管理，可以从以下三个方面入手：首先，通过优化学生党员的培养过程，不断完善党支部建设。担任学生党支部书记的教师应深入学生群体，及时发现学生党支部各项工作中出现的问题与教师党支部的教师党员开展教学或行政工作时出现的问题，针对性地进行改进。针对学生党支部的积极分子培养、党员发展等，教师党员应定期进行指导，对学生党员的培养过程进行严格把关，确保党员的培养质量。在对入党积极分子与发展对象进行培养的过程中，应制定完善的学生党员培养制度与考察评议体系，对入党积极分子与发展对象进行全面且细致的考察。其入党联系人与入党介绍人还应注重加强与各自培养人的联系，实时对其思想态度进行监督与教育。要将思想教育这一共建内容常态化、制度化。高校可在各个党支部内部设立主题活动日，定期开展思想教育。活动主题要突出政治性，抓住时政热点。在主题活动日前，通过支部成员组成的策划小组，进行关于活动细节的商讨制定，精心安排思想教育。在主题活动日之外，也可通过丰富多彩的各类活动，潜移默化地开展思想教育，提高党员的政治修养和政治站位，使高校党支部内部形成人人争优、人人创优的良好氛围，进而使高校整体的思想氛围得到提升。其次，通过师生党支部共建，提高高校整体学风建设水平。除高校日常的学风建设举措外，要通过教师党支部与学生党支部共建，加强学风建设。在师生党支部共建过程中，可以根据师生党员的比例，确定一对一、一对多或多对一的结对模式。师生党员进行结对后，教师党员在日常教学外，可以定期与所负责指导的学生党员开展交流，指导其进行专业学习，解决其在学习中遇到的问题。结对的师生党员还可定期进行时事政治与热点专题的探讨，研读新出台的政策文件，树立大局意识，提高党员修养。再次，以党建引领高校工作，凸显党组织的战斗堡垒作用。高校要进一步推动“两学一做”学习教育常态化、制度化，从日常办学中强化党的领导，充分发挥党员的先锋模范作用。要将党组织的战斗堡垒作用显现在日常办学中，具体可通过加大党员在干部中的比例，使党组织负责人进入领导决策层，确立党组织的政治核心地位。各级党员干部要在党建工作中起带头示范作用，并积极实现自身作为高校成员在思想政治教育工作中承担的使命。

在高校基层党支部共建过程中，应始终注重加强组织建设，建设系统化的党建工作组织管理体系。通过将党支部成员按一定数量划分为若干党小组或成立若干分属党支部进行管理，将属于共建双方的全体党员都纳入共同的组织管理体系之中，并由共建双方推举的党建工作组织者依据共建双方的实际情况与特色，制定下发党建工作实施方案，使支部成员明确共建工作的中心目标和工作重点。在开展共建活动前，由共建活动策划者依照共建工作实施方案，策划具体的共建活动内容，并通过严格规范的程序进行提交，在党组织依规审核通过后，再开展共建活动。党组织要完善议事规则，依据双方意见与建议修订议事规则明确议事范围、议事规则，提高党组织共建的科学化、规范化。党组织在议事时应始终坚持民主集中制原则，通过设置党务公开征求意见箱、发布调查问卷等方式获取支部成员的意见和建议，完善党组织体系。

四、保障体系方面的问题及对策

在保障体系方面，高校党组织共建主要存在党员人数不足、缺乏激励机制以及经费有限等问题。

第一，党员人数不足。以高校党支部为例，相关研究认为："部分党支部党员人数不足，无法有效地开展党建工作。目前，相当一部分海外引进教师还不是中共党员，由他们成立的研究团队也因党员人数不足等问题无法成立党支部。在日常的科研教学中，他们的研究团队缺乏党组织的有效引导，部分需求和问题不能及时有效的解决。同样，大一、大二年级学生党支部因为班级党员人数少，无法在班级上成立党支部，无法通过党支部有效地开展各项工作。"① 党员人数不足，会直接影响到党支部的成立和党支部共建工作的开展。因此，需要大力发展党员。但在积极分子与发展对象的培养考察过程中，一定要严把党员质量。通过发展高质量的党员，建立优秀的党支部开展共建活动。

第二，缺乏激励机制。无论高校基层党支部共建活动采取何种形式开展，在此过程中如果缺乏相应的激励机制，会使共建参与者的积极性降低，从而影响共建工作的效果。缺乏激励机制，一方面源于经费有限，无法从物质上（例如奖金等方面）提供激励，另一方面源于没有树立模范典型。

在此主要对缺少模范典型的问题的解决对策进行探索，经费方面的问题将在后文详细讨论。首先，应通过多种渠道发掘模范典型。在高校基层党支部共建工作开展前，共建双方就应当对模范典型的要求进行探

---

① 冯成，董抗．新时期高校师生支部共建的创新模式探究［J］．中国多媒体与网络教学学报（上旬刊），2018（03）：86－87.

讨，确立模范典型所应具备的条件，将其纳入评选模范典型的规章制度中，以便后续评选工作顺利开展。在共建双方开展共建工作后，设计策划共建活动时，也应将发掘模范典型纳入活动的目的，在开展共建活动时发掘模范典型。既可以通过日常的共建活动观察支部成员的言行，也可通过开展专门的评选活动寻找优秀党员。例如，通过组织开展党史知识竞赛、微党课大赛、文体才艺展示等活动，在活动中通过专家评选产生优秀参与者，将其树立为模范典型，增强其荣誉感与使命感，激励其成为支部其余成员的表率。同时引导支部其余成员向模范典型学习，在支部内部形成争先创优的积极向上氛围，从而增强支部成员参与共建活动的积极性，促使其成为模范典型，带动更多的支部成员，进而形成激励机制的良性循环。其次，可以将共建活动之外的优秀党员模范请来，为共建活动内部参与党员进行先进事迹报告会。通过生动具体的事例为参与党员进行讲述，使参与党员了解优秀党员何以优秀，从而向其学习。同时，也可通过各类平台了解全国优秀党员模范的先进事迹，定期开展集体学习，分享各自对优秀党员先进事迹的感受，学习其优秀品质。最后，可以通过提高思想认识水平使党员成长为优秀党员。在共建活动中，要将系统学习党章党规等党的理论知识纳入活动重点。可以举办专题讲座，邀请专业人士进行讲解。在学习党的理论知识的过程中，要以习近平新时代中国特色社会主义思想及党和国家最新理论成果为重点内容。除学习理论知识外，也可通过组织党员参观爱国主义教育基地，通过重温革命路线回忆中国共产党建党以来的奋斗史，结合日常的党史学习，深化对党的认识。要将入党誓词落实到学习与工作的实践中，通过开展丰富多彩的共建活动，提高党员的政治修养和政治站位，增强党员的思想认识深度。通过对党员的思想教育，培养优秀党员，争取实现党支部人人是模范的大好局面。

此外，在激励机制的制定过程中，要认真落实党建主体责任。可以通过把党建工作与日常考核工作结合起来的方式，将党支部共建工作的成效纳入考核范围，促使党员积极参加共建活动。在高校基层党组织内部，可将党建工作的成效纳入评奖评优考核指标，在同等条件下，对开展党建工作积极且富有成效的教师党员或学生党员予以优先考虑。当高校党团支部开展共建工作时，也要对积极参与共建的学生团员进行表彰，为其将来入党提供有益参考的背景资料，使学生团员积极上进，更好地落实高校“党团班”共建育人体系；在企业党支部，进行年度优秀职工表彰考核时，也应将党建工作成效纳入考核体系，对推进企业与高校共建工作，促进产学研紧密结合，推动理论应用于实践的职工进行表彰，激励其积极探索校企共建的最佳合作途径；在社区党支部，对促进高校与社区党支部共建，有效实现高校与社区资源共享、优势互补的社区党员进行表彰，激励全体社区党员努力寻找高校与社区党支部共建的契合点，构建可以实现共赢的共建新模式；在农村党支部，通过表彰积极参与高校与农村党支部共建的党员，激励其继续探究双方共建工作的创新模式，夯实农村基层党支部党建工作基础，完善党建机制，促进农村大力发展……除各个党支部内部成员进行评比外，高校基层党组织共建双方组成的临时党支部内部也可进行季度、年度的支部成员评奖评优，高校内部同层级支部也可进行支部评比，将党建工作作为支部评优的指标之一，以此激励支部成员为了集体荣誉奋发向上，积极参与党建工作。在将党建工作与日常考核工作结合起来的过程中，要注意将党建工作量化，根据实际情况制定出考核的详细指标，规范与完善考核评价体系。在评选出优秀党员、优秀党支部后，应将其模范带头作用全面发挥。可邀请优秀党员在支部内部、各个支部间分享参与党建工作的经验，总结优秀党支部进行党建工作的成功经验，将可普遍适用的党建工作经验复制推广，激励各支部积极进行党支部共建工作。

第三，经费有限。造成高校基层党支部共建活动形式单一的主要原因之一就是支撑共建活动的经费有限。除传统的讲授理论知识外，其余共建活动形式大都需要经费才可顺利开展。越是精心设计策划的活动，在组织与开展过程中就越是需要经费的支持。一些大型的共建活动，由于持续时间长，还需考虑到共建参与者的就餐及住宿费用。即使是诸如参观博物馆、纪念馆等简单的共建活动，也需要考虑到共建参与者的交通及门票费用。在设计组织活动时，一旦支撑共建活动的经费有限，共建活动的策划者必然首先去精简活动流程，甚至不再考虑需要更多经费但同时效果也更好的活动形式，最终只能回归传统而简约的活动形式。长此以往，形式单一化的活动不仅降低了共建参与者的积极性，而且会影响共建活动的持续性，使共建工作无法达到最终的目的和效果。

针对经费有限的问题，可以通过节流和开源两个方面解决。

第一，可从节流入手。首先，在高校内部基层党组织开展共建时，节流主要是通过共建双方的资源共享节约经费。共建活动的举办场地可就地获取，减少了租金的开销。同样，在时间、场地允许的情况下，高校基层党组织与校外党组织开展共建活动时，也可利用高校的场所进行共建。其次，在共建工作起步的阶段，可将定期开展的集中学习场所改为以网络平台为主，通过互联网学习党中央文件政策及会议精神，开展线上探讨交流，省却会议场地与交通费用。通过手机 APP 与微信学习群共享文件，节省文印费用。在制定共建活动内容时，考虑到经费，可先尽可能地开展本地活动。先在共建双方的区域内开展共建活动，也可优先选择免费或费用较低的博物馆、纪念馆等参观场所。当共建工作逐步趋于稳定至成熟，获取更多的经费后，再开展外地的参观调研等活动。在节流方面，特别要注重在共建活动策划前期进行准确的经费预算，在活动结束后根据实际开销记录进行总结，若存在浪费支出，需进行反思，并严格登记在册，供活动策划者参考，避免同类现象在下一次开展共建活动时出现。

第二，可从开源入手。首先，可寻求上级党组织的支持。在开展高校基层党组织共建工作前，上级党组织就应制定经费保障方案，提升对于党建工作的资金支持。方世南等研究认为："要研究出台关于融合式党建工作经费保障的文件，推动各级财政加大对融合式党建工作的支持，建立经费筹集和管理制度，落实经费筹集渠道，规范经费使用，为融合式党建工作提供保障，提高融合式党建规范化和可持续发展水平。党建工作的融合式也不要拘泥于党组织自身，要融入经济社会发展中去，服务于地区经济社会发展尤其是民生事业的建设。"① 例如，可通过高校、企业、农村三方党支部共建，融合高校人才资源、企业资金技术资源、农村地域资源，帮扶经济薄弱的农村党组织加快发展。在此过程中，加大对经济落后的农村的建设资金扶持，通过帮助其发展经济，使其可以为后续党支部共建工作的开展提供充足的经费支持，从而形成良性循环。唐璐等研究认为："上级党组织对于有想法、有创意、有意义的活动进行经费支持，并在必要的时候利用校内资源和校外资源加大支持力度；对于理论知识和开展实际要进行指导，保证活动的质量和影响力。同时，各支部在支持下要积极探索党建活动的新路径，注重活动能有效实施，及时宣传报道，并定期向上级党组织反馈成果，形成上下联动，将结对共建活动中形成的成果为更多基层党组织所借鉴。"② 以高校内部为例，高校需强化经费保障机制，对各级党组织予以行政的大

① 方世南，徐雪闪，周心欣．融合推进城市基层党建工作的问题与对策［J］．唯实（现代管理），2017（12）：49－51.

② 唐璐，梁爽，王冕．"两学一做"学习教育背景下高校老少结对共建问题调研报告——以商学院为例［J］．课程教育研究，2018（08）：222－223.

力支持。上级党组织在下级党组织做好党组织活动经费预算后，应派专人进行考察，对策划合宜的共建活动的开展提供必要的经费保障。同时，高校也应加大对党建工作的经费支持，设立党建专项经费，高度重视各支部的党建工作，对开展特色党建活动及党建工作成效突出的党支部给予专项经费支持。其次，可通过外联的方式获取经费。一方面，可以在高校中寻求经费来源。例如，可以通过团支部、学生会、学生社团等组织的外联部门获得经费资源。另一方面，高校外部的共建对象，如企业等，拥有更多的经费获取渠道。高校基层党组织在与其开展共建前，可先拟定经费赞助方。但无论何种方式，都需要高校党支部共建工作的整体策划有着良好的质量，证明共建工作在获得充足的经费之后可以按计划开展共建活动，达到预期效果。

当前，思想认识的问题、管理创新的问题、规范化的问题及保障体系的问题是高校党支部共建存在的主要问题。在高校党支部共建过程中，受开放的信息化环境的影响，基层党组织会因自身的发展和环境的变化产生一些新问题。为更好地进行高校党支部共建，基层党组织在制定和实施共建计划时，不仅要有问题导向，而且要有目标导向。不断提升自身的组织学习能力，尽可能排除各项干扰，积极预见并解决各类问题，促进党组织建设水平不断提升，适应并稳步跟进时代的变化。通过加强学习型组织建设，引领支部成员形成共同的目标愿景，为提高党建工作的水平积极主动学习，创新思维，激发支部成员的集体智慧，从而形成集体竞争能力，实现党组织的完善与进化，推进高校基层党组织党建工作的创新发展与深入落实。

第十章　高校基层党支部共建展望与思考

加强对新形势下高校基层党组织共建工作的研究，对于推动高校全面落实立德树人根本任务和发挥高校职能具有重要意义和现实指导作用。在关于高校基层党支部共建存在的问题及对策中，根据相关研究及在实际工作中的经验总结，不难发现目前高校基层党支部共建面对的问题主要存在于思想认识、管理创新、规范化和保障体系等方向。但通过研究与实践可以认识到，这些都是可以通过努力得到妥善解决的问题。因此，高校基层党支部共建存在的问题并不代表可以否认新时代背景下高校基层党组织共建工作的重要意义和作用。相反，高校各级党组织特别是基层党组织应在习近平新时代中国特色社会主义思想的指导下，通过创新性开展多元参与的高校基层党组织共建活动，找准着力点、突出结合点、抓住根本点，以共建提升基层党建质量。在共建中用大数据支持共建配对，用创新思维开拓共建新征程，不断创新结对共建载体，凸显结对共建实效，构建结对共建长效机制，更好地将不同党组织的人、财、物、信息、知识等资源进行整合，提升资源利用率，达到合作共赢、互惠互利、共同进步的目的。通过共建提升高校基层党组织的建质量，推动高校立德树人根本任务在基层党组织的落实。

一、以党支部共建提升基层党建质量

（一）新时代要求不断提高党的建设质量

新时代背景下，党的建设的重要意义更加凸显。中国共产党与社会主义中国、中国特色社会主义、中华民族伟大复兴紧密相连。党的十九大报告中提出了新时代党的建设总要求，明确了在统揽伟大斗争、伟大工程、伟大事业、伟大梦想中，起决定性作用的是新时代党的建设新的伟大工程。

党的十九大报告提出了新时代党的建设总要求，提出了“不断提高党的建设质量”。上海市习近平新时代中国特色社会主义思想研究中心发表的文章指出：“‘不断提高党的建设质量’是新时代党的建设总要求的重要内容，赋予党的建设新的伟大工程以鲜明的时代内涵。”“只有不断提高党的建设质量，才能保持党的先进性和纯洁性，才能解决党的建设面临的问题，才能使我们党始终成为坚强领导核心。党建工作开展得怎么样，最终要以质量高低来评判。提高党的建设质量，需要着眼目标、遵循规律、注重规范、坚持创新，努力把我们党建设成为始终走在时代前列、人民衷心拥护、勇于自我革命、经得起各种风浪考验、朝气蓬勃的马克思主义执政党。”①

1. 不断提高党的建设质量，才能把党建设得更加坚强有力

只有不断加强自身建设，我们党才能始终保持先进性和纯洁性。中国共产党从诞生之日起，就肩负着实现中华民族伟大复兴的历史使命，

---

① 上海市习近平新时代中国特色社会主义思想研究中心．不断提高党的建设质量［N］．人民日报，2019－03－28（09）．

以实现共产主义和中华民族伟大复兴为奋斗目标，带领人民群众进行了艰苦卓绝的斗争。党的先进性和纯洁性不是一蹴而就的，而是在与人民团结一致面对困难不懈斗争中锻炼出来的。建设更加坚强有力的党，就要认识到，保持和发展党的先进性和纯洁性没有止境，需要一直坚持，这就要求我们党不断提高自身的建设质量，在新时代推进党的建设新的伟大工程中保持高标准、严要求，勇于自我革命，不忘初心、牢记使命，从马克思主义这一理论源泉中汲取智慧和力量，深入贯彻习近平新时代中国特色社会主义思想，坚定理想信念，不断焕发出新的生机活力，永葆旺盛生命力和强大战斗力。

2. 不断提高党的建设质量，才能有效解决党的建设面临的各种问题

新时代，决胜全面建成小康社会的艰巨任务、实现中华民族伟大复兴的历史使命对我们党提出了前所未有的新挑战、新要求。同时，影响党的先进性、弱化党的纯洁性的各种因素具有很强的危险性和破坏性，党将面临长期的、复杂的执政考验、改革开放考验、市场经济考验和外部环境考验，面临尖锐的、严峻的精神懈怠危险、能力不足危险、脱离群众危险和消极腐败危险。新时代，不断推进党的建设新的伟大工程具有长期性、艰巨性和复杂性，党的建设任务是十分艰巨的。党的基层组织是党在社会基层组织中的战斗堡垒，是党的全部工作和战斗力的基础。这些现实要求党的基层组织积极发挥战斗堡垒作用，确保党的路线方针政策和决策部署贯彻落实，为党的全面发展奠定更牢固的基础、提供更强力的保障。

3. 不断提高党的建设质量，才能为党和人民事业发展提供坚强政治保证

中国共产党是中国特色社会主义事业的领导核心，没有中国共产

党，就没有中国特色社会主义。中国特色社会主义进入新时代，中国共产党需要通过不断提高党的建设质量，确保党始终是中国特色社会主义事业的坚强领导核心。要在坚持和发展中国特色社会主义的进程中，持续推进党的建设新的伟大工程，使之与伟大斗争、伟大事业、伟大梦想紧密相连。在不断提高党的建设质量中，进行伟大斗争，推进伟大事业，实现伟大梦想。

（二）不断加强高校基层党组织建设

不断加强基层党组织的党建工作是新时代不断提升党建工作质量、夯实党的执政基础的现实要求。高校承担着立德树人的根本任务。发挥高校办学职能，把坚持党的领导、推进党的建设贯穿高校办学治校全过程，对新时代进行党的建设新的伟大工程具有重要意义。

1. 新形势下加强高校基层党组织建设的重要性和紧迫性

（1）新形势下加强高校基层党组织建设的重要性。首先，党的基层组织是党的全部工作和战斗力的基础。根据《中共教育部党组关于加强普通高等学校基层党组织建设的意见》，在高校党委领导下的基层党组织，担负着党在高校直接联系群众、引导群众、组织群众、团结群众，把党的路线、方针、政策落实到基层的重要职责。新形势下加强高校基层党组织建设，有利于保证党对高等教育的坚强领导，有利于坚持社会主义办学方向，培养社会主义事业合格建设者与可靠接班人，有利于从根本上保障维护高校稳定、构建和谐校园，有利于加强高校党的先进性建设和保持共产党员先进性。其次，长期以来，高校基层党组织贯彻落实党的基本路线和教育方针，在高校各项改革与事业发展中发挥了重要作用。高校重视并强化基层党组织建设，加强了党员的教育、管理和监督工作，增强了党员意识，更加规范了组织发展工作，改进了师德师风建设和大学生思想政治教育，发挥了党组织的战斗堡垒作用和党员的先锋模范作用，有力促进了学校的改革发展与稳定。

（2）新形势下加强高校基层党组织建设的紧迫性。新形势带来新变动、新挑战、新要求。随着我国经济体制深刻变革，社会结构深刻变动，利益格局深刻调整，思想观念深刻变化，高校基层党组织建设工作有待随之调整变动并进一步加强。新形势下高校基层党组织建设需要进一步加强基层党组织的政治核心和战斗堡垒作用，进一步强化党员的先锋模范作用，进一步创新和发展基层党组织的活动方式，进一步提高组织生活的质量。

2. 加强高校基层党组织建设的总体要求、主要原则和目标任务如下：

根据《中共教育部党组关于加强普通高等学校基层党组织建设的意见》，综合党的十八大以来有关文件、会议精神，加强高校基层党组织建设的总体要求、主要原则和目标任务如下：

（1）加强高校基层党组织建设的总体要求是坚持以马克思列宁主义、毛泽东思想、邓小平理论和“三个代表”重要思想、科学发展观、习近平新时代中国特色社会主义思想为指导，以凝聚人心、推动发展、促进和谐为目标，以改革和完善基层党组织的领导体制和工作机制为重点，以创新基层党组织活动方式，增强工作实效为抓手，着眼于解决好培养什么人、怎样培养人的根本问题，着眼于增强党的阶级基础和扩大党的群众基础，着眼于保持党的先进性、纯洁性，通过推进政治、思想、组织、作风和纪律建设，把制度建设贯彻其中，深入推进反腐败斗争，切实把高校的中心任务落实到基层各项工作中，为促进高等教育事业高质量发展提供坚强的保证。

（2）加强高校基层党组织建设的主要原则是：第一，坚持党要管党、全面从严治党的原则。第二，坚持围绕中心、服务大局的原则。第三，坚持突出重点、整体推进的原则。第四，坚持与时俱进、开拓创新的原则。

（3）加强高校基层党组织建设的目标任务是：第一，组织坚强有力。第二，党员作用突出。第三，工作得到促进。第四，师生员工满意。①

3. 充分发挥高校基层党组织的作用

围绕加强高校基层党组织建设的总体要求、主要原则和目标任务，建立健全高校基层党组织的工作体制和运行机制，充分发挥高校基层党组织的作用。

（1）规范办学行为，保持学校稳定，办好让人民满意的高等教育。把党组织的作用贯穿于教学、科研、管理和人才培养活动的全过程，有机渗透和融合到各项工作中，不断通过实践增强高校基层党组织的作用。

（2）强化基层党组织教育管理党员的功能，坚持党员经常性教育，推进学习型党支部建设，巩固先进性教育成果，促进广大党员充分发挥先锋模范作用。

（3）扎实做好高校基层党组织联系和服务群众的工作。高校基层党组织要始终保持同人民群众的血肉联系，把群众利益放在第一位，联系群众，深入群众，服务群众，团结和凝聚群众。

（4）推进党内民主建设，以党内和谐促进校园和谐。通过建立和完善各项制度，落实和保障党员的各项权利，努力形成既有民主又有集中，既有纪律又有自由，既有统一意志又有个人心情舒畅的生动活泼的

---

① 中共教育部党组．中共教育部党组关于加强普通高等学校基层党组织建设的意见［J］．中华人民共和国教育部公报，2007，No. 217，No. 218（Z2）：53－56.

政治氛围。

4. 把党的教育方针全面贯彻到学校工作各方面

根据《2019—2023 年全国党员教育培训工作规划》，党中央从全局和战略高度，对加强新时代党员教育培训工作作出了重要部署。高校基层党支部全面落实立德树人根本任务，充分发挥高校职能，要重点做好有关方面的工作。

（1）加强习近平新时代中国特色社会主义思想学习教育。把学习贯彻习近平新时代中国特色社会主义思想作为首要政治任务，建立健全习近平新时代中国特色社会主义思想学习教育长效机制，引导党员自觉做习近平新时代中国特色社会主义思想坚定信仰者和忠实实践者，使习近平新时代中国特色社会主义思想学习教育更加扎实深入，党的创新理论更加入脑入心。在学习教育中促进广大党员自觉践行新思想、适应新时代、展现新作为，在习近平新时代中国特色社会主义思想指引下统一意志、统一行动、步调一致向前进。

（2）全面落实政治理论教育、政治教育和政治训练、党章党规党纪教育、党的宗旨教育、革命传统教育、形势政策教育、知识技能教育等 7 个方面基本任务。通过完善组织形式、丰富教学方式、创新运用信息化手段、健全培训制度等党员教育培训方式方法，对党员进行系统教育培训。围绕中心工作，把党性教育和理想信念教育贯穿始终，对党员进行全面与重点相结合的教育培训。在对党员进行系统教育培训中，注重落实高校立德树人的根本任务，对青年党员要进行系统理论教育和严格党性锻炼，引导他们传承红色基因、培养奋斗精神、练就过硬本领。

高校基层党组织建设是党的建设的重要环节。高校要把习近平新时代中国特色社会主义思想作为办学治校的根本遵循，坚持社会主义办学方向，全力培养德智体美劳全面发展的社会主义建设者和接班人，贯彻落实立德树人的根本任务，为提高党的建设质量提供有力保证。

（三）以共建推动高校基层党组织建设

用共建提升基层党建质量是新时代做好党的建设新的伟大工程的有效手段。其中，高校党支部共建发挥着不可或缺的作用。开展高等学校党支部共建，对增强普通高等学校党的建设力度与效果、强化基层、打牢基础、充分发挥普通高等学校基层党组织的作用等具有重要意义。

《国家中长期教育改革和发展规划纲要（2010—2020年）》指出："高校要牢固树立主动为社会服务的意识，全方位开展服务。推进产学研用结合，加快科技成果转化。"① 党支部共建正成为新时期高校党建工作的理论增长点和实践创新点，成为高校基层党组织应对挑战、整合资源、促进发展的重要途径。在落实全国教育大会和全国高校思想政治工作会议精神中，无论是发挥高等教育五大职能，还是高校师生服务人民、社会实践、了解社情、开展劳动教育，都需要搭建高校与其他社会机构合作的载体，优势互补、统筹资源、共同发展。在这些合作载体中，更多地体现在共建活动上，而党组织的共建，是其他一切共建活动的龙头和牵引，为其他共建活动提供政治保障和思想指导。

基层党组织共建是指不同的基层党组织之间联合起来开展党建工作或党建活动，形成优势互补，资源共享，互助共进的新的有机互联的组织模式，也是在加强服务型党组织建设的要求下对基层党建工作创新的途径。新时代高校基层党组织共建模式以高校基层党组织为中心，涵盖校地、校企、校村、高校与其他社会机构，形成以党支部为共建主体的多种共建模式，以习近平新时代中国特色社会主义思想为指导，以开展

---

① 《国家中长期教育改革和发展规划纲要（2010—2020年）》［J］．实验室研究与探索，2018，37（06）：273.

多元参与的基层党组织共建活动为主要手段开展高校党支部共建，可以有效提升高校基层党建质量，夯实党在高校的执政基础，抓好新时代党的建设新的伟大工程。

以共建促党建的重要意义集中体现在通过共建提升基层党建质量，具体来讲，分别体现在提高党的政治建设、思想建设、组织建设、作风建设、纪律建设以及制度建设上。

1. 以共建提升基层党建质量之政治建设

旗帜鲜明讲政治是中国共产党作为马克思主义政党的根本要求。党的十九大报告指出："党的政治建设是党的根本性建设，决定党的建设方向和效果""以党的政治建设为统领""全面推进党的政治建设、思想建设、组织建设、作风建设、纪律建设"。"新时代党的建设新的伟大工程是一项重大而纷繁的系统工程，政治建设在其中处于关键地位，我们必须坚持靶向发力、精确制导，充分发挥政治建设的举旗定向、提纲挈领作用，推动党的建设和新时代中国特色社会主义不断向前发展。"① 党的政治建设是党的根本性建设，新时代党的建设要以党的政治建设为统领。开展高校党支部共建，要注重在共建工作的全过程加强政治建设。《中共中央关于加强党的政治建设的意见》指出："加强党的政治建设，必须高举中国特色社会主义伟大旗帜，全面贯彻党的十九大精神，坚持以马克思列宁主义、毛泽东思想、邓小平理论、'三个代表'重要思想、科学发展观、习近平新时代中国特色社会主义思想为指导，坚持党的基本理论、基本路线、基本方略，落实新时代党的建设总要求，增强'四个意识'，坚定'四个自信'，坚决维护习近平总书记党中央的核心、全党的核心地位，坚决维护党中央权威和集中统一领导，把准政治方向，坚持党的政治领导，夯实政治根基，涵养政治生

① 粟用湘．充分发挥政治建设的举旗定向作用［N］．光明日报，2018－02－12.

态，防范政治风险，永葆政治本色，提高政治能力，把我们党建设得更加坚强有力，确保我们党始终成为中国特色社会主义事业的坚强领导核心，为实现‘两个一百年’奋斗目标和中华民族伟大复兴的中国梦提供坚强政治保证。”① 通过在高校党支部共建工作的全过程加强政治建设，不断提升基层党建的政治建设质量，从而不断提高党的建设质量。

2. 以共建提升基层党建质量之思想建设

思想建设的效果与基层党员思想建设水平息息相关。开展高校党支部共建，在共建工作的全过程加强思想建设。马克思主义是科学的世界观和方法论，是认识世界和改造世界的强大思想武器。在高校党支部共建工作中，要注重加强马克思主义理论的学习，全面提升广大基层党员的思想政治素养。作为新时代高校基层党组织共建模式的中心，高校基层党组织要以思想政治建设为引领，坚守共产党人的精神家园。高校基层党组织要建设好高校阵地，落实立德树人的根本任务。在课堂教学中，要讲好思想政治理论课。思想政治理论课是落实立德树人根本任务的关键课程，思想政治理论课要始终坚持用习近平新时代中国特色社会主义思想铸魂育人。广大思政课教师要把理论讲透彻，增强课程的吸引力和课堂的活力，引导青年大学生积极学习，为青年大学生的成长成才筑牢思想根基。在课堂教学之外，高校基层党组织也要积极通过其他方式在共建中加强思想建设。通过营造良好的氛围，促使广大基层党员积极参与思想建设，坚持用马克思主义理论武装头脑，通过不断学习提升政治素养，提高基层党员思想理论水平。通过在高校党支部共建工作的全过程加强思想建设，不断提升基层党建的思想建设质量，从而不断提高党的建设质量。

---

① 中共中央关于加强党的政治建设的意见［N］. 人民日报，2019－02－28（01）.

3. 以共建提升基层党建质量之组织建设

基层党组织是党执政的组织基层，是党执政基础的重要组成部分。新时代坚持和保证党对高等教育事业的全面领导，必须加强高校各级党组织特别是基层党组织建设。开展高校党支部共建，在共建工作的全过程加强组织建设。加强组织建设，首先要做好基层领导班子建设。基层领导班子党性要强、作风要稳。基层党员干部要落实主体责任，做好基层党组织的管理、建设工作，把基层党组织建设成为坚强的战斗堡垒。其次要做好基层党员队伍建设。在高校基层党组织共建工作中，基层党员干部要带领广大基层党员，团结带领群众贯彻党的理论和路线方针政策，围绕党的基本路线，服务于本单位的中心工作。具体到高校，就是要坚持和加强党对高等学校工作的全面领导，使高校成为坚持党的领导的坚强阵地。在思想上巩固马克思主义指导地位，在政治上把牢社会主义办学方向，努力办好人民满意的教育。通过在高校党支部共建工作的全过程加强组织建设，不断提升基层党建的组织建设质量，从而不断提高党的建设质量。

4. 以共建提升基层党建质量之作风建设

党的作风关系到党的形象，作风建设是党的建设的一项战略任务。我们党之所以能够战胜各种困难和风险，取得革命、建设和改革开放事业的伟大胜利，一个重要原因就是我们党以优良的作风影响和带领人民群众投身火热的斗争实践。新民主主义革命时期，我们党创立并发扬了理论联系实际、密切联系群众、批评与自我批评的三大优良作风。社会主义建设时期，我们党始终保持谦虚谨慎、不骄不躁的作风，始终保持艰苦奋斗的作风，取得社会主义建设的伟大成就；改革开放和社会主义现代化建设新时期，我们党更加重视作风建设，把党的作风问题提高到关系党和国家生死存亡的高度予以加强。中国特色社会主义进入新时代，以习近平同志为核心的党中央高度重视党的作风建设，把中央八项规定作为加强作风建设的切入点、全面从严治党的突破口，开创了全面从严治党新局面。开展高校党支部共建，在共建工作的全过程加强作风建设。基层领导班子要以身作则，树立作风优良的典范。广大党员要加强自身修养，在党组织的带领和监督下积极主动地进行作风建设。通过高校的教育平台开展理想信念教育，夯实作风建设的思想基础。在开展共建活动时，要时刻注重密切联系群众。广泛听取群众的意见和建议，改进和完善共建工作。共建双方应加强联系，互相监督，发现作风建设中存在的问题，消灭不良作风，坚持优良作风。通过在高校党支部共建工作的全过程加强作风建设，不断提升基层党建的作风建设质量，从而不断提高党的建设质量。

5. 以共建提升基层党建质量之纪律建设

加强纪律建设是党的建设新的伟大工程的重要组成部分。舒国增指出："新时代党的建设新的伟大工程，是政治立党、思想建党、组织强党、作风管党、纪律严党、制度治党的有机整体。在这个有机统一体中，政治建设是本、思想建设是魂、组织建设是体、作风建设是形、纪律建设是尺、制度建设是矩。其中，党的纪律作为党的各级组织和全体党员必须遵守的行为规则，纪律建设既有为维护党的团结统一、完成党的任务提供保证的质的规定性，又体现在党的建设的全过程和各方面，为政治建设、思想建设、组织建设、作风建设、制度建设和反腐败斗争提供规范和保障，促进不断提高党的建设质量。"① 开展高校党支部共建，在共建工作的全过程加强纪律建设。通过各类共建活动，强化党员的政治纪律意识，确保党中央重大方针政策的贯彻落实。在集体学习中，应强化对党章的学习，通过深入学习全党必须遵循的总章程，树立

---

① 舒国增．切实加强党的纪律和纪律建设［J］．求是，2017.

党章意识，自觉用党章规范自己的言行，强化政治纪律。广大党员要以习近平新时代中国特色社会主义思想为指导，自觉服务服从于新时代中国特色社会主义建设事业，严格遵守党规党纪。在共建工作中，共建双方要依据实际情况将纪律细化，规范监督体系，让纪律建设更加完善。通过在高校党支部共建工作的全过程加强纪律建设，不断提升基层党建的纪律建设质量，从而不断提高党的建设质量。

6. 以共建提升基层党建质量之制度建设

依规治党贯穿于全面从严治党的全过程。加强制度建设，推进新时代党的建设新的伟大工程发挥长效。开展高校党支部共建，在共建工作的全过程加强制度建设。刘海涛指出："坚持把加强制度建设作为全面从严治党的长远之策、根本之策，推动管党治党常态化、长效化。用信仰塑魂、用制度治本，始终坚持思想建党和制度治党紧密结合。用制度管根本、用制度管长远，切实做到制度制定和制度执行同步实施。用制度管权、用制度纠偏，着力促进党内民主与党内监督双向互动。用制度把关、用制度治吏，扎实推动干部培养选拔与从严管理共同发力。"① 开展高校党支部共建要依据党章和党内法规制度，细化党支部具体制度。在共建过程中，对滞后于实践的老化制度进行改良或更替，随着共建工作的推进，进一步发展和完善各项制度，使党支部具体制度系统化，争取长效化。在执行党支部的各项制度时，务必严格依规执行，加强执行过程中的监察。基层党组织领导班子要以更严格的标准要求自身，起到良好的带头示范作用。广大党员要在党组织的监督下做合格党员，争做优秀党员，培育良好的党内制度建设文化氛围。通过在高校党支部共建工作的全过程加强制度建设，不断提升基层党建的制度建设质量，从而不断提高党的建设质量。

---

① 刘海涛. 以制度建设助推管党治党常态长效［N］. 中国纪检监察报，2017-04-26.

以高校基层党组织为中心，积极开展高校党支部共建。通过在高校党支部共建工作的全过程加强政治建设、思想建设、组织建设、作风建设、纪律建设以及制度建设，不断提升基层党建质量，从而不断提高党的建设质量，把党建设成为始终走在时代前列、人民衷心拥护、勇于自我革命、经得起各种风浪考验、朝气蓬勃的马克思主义执政党。

二、用大数据助力高校基层党支部共建

伴随互联网的高速发展，大数据的应用越来越普及。2015 年 7 月 1 日，国务院办公厅发布了《关于运用大数据加强对市场主体服务和监管的若干意见》；7 月 4 日，国务院发布了《关于积极推进“互联网 +”行动的指导意见》；9 月 5 日，国务院发布了《促进大数据发展行动纲要》。周文彰认为：“对这一轮大数据革命，我国做出了非常及时的战略响应。这几份重磅文件密集出台，标志着我国大数据战略部署和顶层设计正式确立。大数据是一场管理革命，‘用数据说话、用数据决策、用数据管理、用数据创新’，会给国家治理方式带来根本性变革。”① 与此相适应，高校党支部共建也应推进大数据的应用，通过大数据对基层党组织数据和文本信息进行分析，用大数据提供共建配对，用大数据加强共建管理，用大数据提升共建效果，在新的技术条件下善于学习，勇于创新，敢于实践，在信息化高速发展的时代潮流中推进高校基层党组织共建工作迈向新的水平。

（一）用大数据提供共建配对

在高校基层党支部共建工作中运用大数据，最根本的是在国家层面

---

① 周文彰．以大数据促进国家治理现代化［N］．光明日报，2015－11－25.

上率先使大数据的运用现实化、普及化。可通过“四个结合”助力国家大数据战略。周文彰指出：“实施国家大数据战略部署和顶层设计，需要我们做到‘四个结合’：把政府数据开放和市场基于数据的创新结合起来……把大数据与国家治理创新结合起来……把大数据与现代产业体系结合起来……把大数据与大众创业、万众创新结合起来。”① 通过“四个结合”的部署贯彻，助力国家大数据战略的贯彻落实，使大数据的普遍运用成为现实。

在基层党组织层面，要积极拥护国家大数据战略的实施。在大数据的推广应用中，善于把握时机，将大数据运用于基层党支部共建。高校基层党支部共建工作开始之初，面临的就是选择共建对象的问题，此时可以运用大数据提供共建配对。

首先，需要建立高校基层党支部数据库，提供精准的数据参考。按照中央的要求，在上级党组织的监督和支持下，基层党组织将参与党支部共建工作所需的各项数据依法依规传送至相关数据库，在之后开展党支部共建工作时，运用大数据筛选出合适的共建对象，进行配对。

在这一过程中，需要注意以下三方面的问题：第一，建立基层党组织数据库，需要严格依照党章党规党纪要求，符合数据政策和数据标准，对输入数据进行审查，并强化保密系统。第二，各基层党组织向基层党组织数据库传送数据时，要注重在公开数据和保护隐私中找到平衡点，严禁泄露党组织内部保密数据。可以在传送过程中加强监督，规范审批流程，确保数据合理合规。第三，运用大数据为共建配对提供参考，而非仅仅凭借大数据确定共建配对。在筛选出合适的共建对象后，双方基层党组织应互相进行实地考察，全面了解对方党支部的实际情况和共建需求，通过数据与实践的结合，确定共建配对。

---

① 同上

（二）用大数据加强共建管理

在高校基层党组织的建设中，要坚持与时俱进、开拓创新的原则。在高校党支部共建过程中，运用大数据加强共建管理，从而加强党的先进性建设和保持共产党员先进性。将高校党支部共建工作数据化，使共建工作信息化、精准化。充分发挥高校党支部共建大数据和互联网平台的作用，推动高校党支部共建工作迈上新台阶。

用大数据加强共建管理，具体可通过以下四个方面进行：

1. 用大数据使党建工作精准化

在高校基层党支部共建工作中，可以通过大数据平台，汇集共建双方党组织的基本信息、所有党员的基本信息、党支部领导班子成员的基本情况、重点党建项目及项目工作的推进情况等，再通过大数据平台进行整理分析，使后续党建工作的开展规划更加精准、清晰。

2. 用大数据加强监督管理

在高校基层党支部共建工作中，可以通过大数据平台，实现动态化的监督管理。在日常工作中，通过大数据平台，记录党员到岗的工作时间，进行工作打卡。各位党员的工作进度、工作效果等情况，也可通过大数据平台的记录进行查看，并结合党组织的工作要求、纪律要求等进行综合分析，智能生成分析报告，实现党建工作的日常监督和考核，从而对发现的问题进行整改，提高党建工作的水平。

3. 用大数据提供服务

在高校基层党支部共建工作中，还可以通过大数据平台为党员提供各种便利服务。例如，在学习上，通过大数据平台可以共享丰富的学习资源，很多在线学习平台皆提供免费的课程，用户可随时查看学习记录，方便学习中断后继续进行，切实增强学习效果。大数据平台时效性强的特点，也可为各位党员提供及时学习时事政治、讨论热点话题的便利，提升学习的实效；在工作中，通过大数据平台使党建工作数据化，也节省了办事的时间，提高了办事效率。通过大数据平台，党员可以在网上提交各类信息，并在网上查看审核结果。涉及党建工作的日常通知，也可通过网络下发，省却打印分发的流程。

通过用大数据开展精准党建工作、加强监督管理、提供服务等方式，提高共建工作的信息化、精准化，加强共建管理。

（三）用大数据提升共建效果

上文中提到的在共建工作的前期，用大数据提供共建配对，在共建工作的中期，用大数据加强共建管理等，都会切实提升共建效果。此外，在共建工作的后期，用大数据梳理总结共建成果，对双方共建工作起到促进作用，从而使大数据在共建全过程都能积极发挥作用。

在共建工作的后期，应对高校基层党组织的共建活动开展系统、全面、深入的研究，并结合实践推动，梳理出各种共建模式的要素构成、运行机制以及实现途径，并对每种模式总结提炼出具有代表性的成功案例，进行复制推广，如此更具实践意义。因此，需要建设一个高质量的“大数据与高校基层党组织共建活动模式案例库”。在习近平新时代中国特色社会主义思想的指导下，对高校基层党组织共建活动模式进行系统梳理和总结，找准着力点，突出结合点，抓住根本点，形成具有权威性和代表性的“大数据与高校基层党组织共建活动模式案例库”，构建结对共建长效机制，通过大数据平台进行宣传推广，以便各基层党组织进行学习借鉴，提升共建效果。

适应信息化的发展，将大数据应用于共建工作的全过程，使之成为助力共建工作的有益方式，切实提升共建工作的效果，推动基层党组织党建工作的发展进步。

三、用创新思维开拓高校基层党支部共建新征程

在新时代，创新性开展高校基层党组织党建工作是我们面临的挑战，高校基层党组织党建工作要全面把握新形势、新任务、新要求，以党的政治建设为统领，加强政治引领和价值引领，围绕新时代对高等教育以及高等院校基层党建工作的要求，在高校基层党支部与各种类型党组织的共建中不断进行开拓创新，积极运用创新思维，拓宽高校基层党组织党建工作思路，用创新思维开拓共建新征程，以钉钉子精神推动党的建设落地生根。

用创新思维开拓共建新征程，主要体现在以下三个方面：

（一）创新组织设置

《中国共产党支部工作条例（试行）》指出："结合实际创新党支部设置形式，使党的组织和党的工作全覆盖。规模较大、跨区域的农民专业合作组织，专业市场、商业街区、商务楼宇等，符合条件的，应当成立党支部。正式党员不足 3 人的单位，应当按照地域相邻、行业相近、规模适当、便于管理的原则，成立联合党支部。联合党支部覆盖单位一般不超过 5 个。为期 6 个月以上的工程、工作项目等，符合条件的，应当成立党支部。流动党员较多，工作地或者居住地相对固定集中，应当由流出地党组织商流入地党组织，依托园区、商会、行业协会、驻外地办事机构等成立流动党员党支部。"

高校基层党组织在开展共建活动时，可以根据共建活动的实际需求将创新思维运用于组织设置，例如组建联合党小组。卜珍和研究认为：

"党小组如何设置与划分没有统一的模式，一般应根据党员数量多少、工作需要和党员分布情况来决定。凡有3名以上党员（其中必须有1名正式党员），就可以编成一个小组。机关、企业、农村、社区、学校、医院、社会组织等党小组设置可以根据党员居住情况、工作性质、组织状况等进行划分。但随着新情况的变化，党小组的设置可以打破原有的规矩，如微信党小组、QQ党小组、流动党小组、双重党小组、党小组之家等，党小组根据党员新的工作特点和活动内容设立，体现了时代性、灵活性、有效性的特点，便于党小组更好地开展活动，发挥作用。适应新变化的党小组设置，使党小组更有活力和动力。"①

（二）创新党员培养教育

一般来说，党支部应建立学习、党员汇报、组织生活会、联系群众，对入党积极分子培养、教育、考察等制度，以便开展对党员的培养教育。但随着时代的发展，生活方式发生变化，新的科学技术出现，在党员的培养教育方面，也应与时俱进、加以创新，以提高培养教育水平。

对于党支部来说，首先应坚持以马克思列宁主义、毛泽东思想、邓小平理论、"三个代表"重要思想、科学发展观、习近平新时代中国特色社会主义思想为指导，遵守党章，加强思想理论武装，坚定理想信念，不忘初心、牢记使命，始终保持先进性和纯洁性。在各基层党支部中，高校党支部要注重习近平总书记在全国教育大会上指出的要坚持扎根中国大地办教育，坚持以人民为中心发展教育，坚持深化教育改革创新。各级各类学校党组织要把抓好学校党建工作作为办学治校的基本功，把党的教育方针全面贯彻到学校工作各方面。要把立德树人融入思

① 卜珍和．用创新思维加强党小组建设［N］．学习时报，2017－09－18.

想道德教育、文化知识教育、社会实践教育各环节。充分发挥由教师和学生党员组成的高校基层党支部在高校立德树人中的先锋性战斗堡垒作用。与高校基层党组织开展共建工作的其余基层党组织，也应充分发挥积极性、主动性、创造性，坚持围绕中心、服务大局，确保党的路线方针政策和决策部署贯彻落实。

具体到党员的培养教育上，要制定和完善一些适应高校发展的新形势、新变化的制度，优化党员培养过程。党支部书记应深入党员群体，及时发现党支部有关工作中的不足和问题，并针对性地进行改进。在进行党支部的积极分子培养、党员发展等时，入党积极分子的入党联系人、发展对象的入党介绍人应定期进行指导，对党员的培养过程进行严格把关，确保党员的培养质量。在对入党积极分子与发展对象进行培养的过程中，应制定完善的学生党员培养制度与考察评议体系，对入党积极分子与发展对象进行全面且细致的考察。在这一过程中，还可以依托主题党日活动，定期开展思想政治教育工作，将思想政治教育这一共建内容常态化、制度化。活动主题要突出政治性，抓住时政热点。在主题活动日之外，也可通过丰富多彩的各类活动，潜移默化地开展思想教育，提高党员的政治修养和政治站位，使党支部内部形成人人争优、人人创优的良好氛围。此外，还可以根据党员的数量及入党的时间长短，建立一对一、一对多或多对一的结对模式。结对的党员可定期进行关于时事政治与热点专题的探讨，研读新出台的政策文件，树立大局意识，提高党员修养。进而使党支部整体的思想氛围和水平得到提升。

（三）创新组织生活

在组织生活方面，党支部应当严格执行党的组织生活制度，经常、认真、严肃地开展批评和自我批评，增强党内政治生活的政治性、时代性、原则性、战斗性。党员领导干部应当带头参加所在党支部或者党小组的组织生活。除定期召开党支部委员会会议、定期开展主题党日以及定期召开组织生活会等外，还应创新党支部共建活动的形式和内容。

在共建活动的形式上，要致力于满足不同群体党员的要求，考虑到参与的主体的特殊性，随着共建对象的不同进行相应的改变，尽可能地丰富共建活动的形式。例如，在高校与企业党支部共建活动中，企业党支部可以邀请高校党支部的成员到企业参观，通过实地学习加深对企业文化的了解，从而有利于共建双方的了解程度的提升。对于专业对口的高校党员，可以在企业中进行短期实习，实习期表现优异的党员可以延长实习期限。通过实习，增加共建双方的交流沟通。在实习过程中，通过解决实际问题，将理论运用于实践。

在共建活动的内容上，要结合本单位的中心工作进行专题研讨，而不局限于学习文件，可丰富共建活动的内容，调动共建双方参与共建活动的积极性，达到良好的共建效果。例如，在师生党支部共建中，可结合教师的中心工作——教学，学生的中心工作——学习，开展兼具教学和学习的共建活动，在共建活动中兼顾教师与学生，同时发挥好二者的主体性。相关研究认为："活动创新要坚持集中、规范与'小型、灵活、多样、实效'相结合，结合本单位、本部门、本小组优势，经常组织开展集中学习、谈心交流、参政议政等活动。如创新'党小组＋支委''党小组＋点评''党小组＋服务''党小组＋志愿者'等'党小组＋'活动方式，将工作重心由党支部向党小组延伸，激活'末梢神经'，充分发挥基层价值链条功能，使党小组作用进一步增强。"①

通过将创新思维应用于组织设置、党员培养教育和组织生活等方面，全面把握新形势、新任务、新要求开展高校基层党组织党建工作，

---

① 卜珍和．用创新思维加强党小组建设［N］．学习时报，2017－09－18.

用创新思维开拓共建新征程，应对好在新时代创新性开展高校基层党组织党建工作的挑战。

加强党的领导是新时代坚持和发展中国特色社会主义的根本保证。在党的十九大报告中，明确提出在新时代党的建设总要求中，起决定性作用的是新时代党的建设新的伟大工程。在习近平新时代中国特色社会主义思想的指导下，通过创新性开展多元参与的高校基层党组织共建活动，更好地将不同党组织的人、财、物、信息、知识等资源进行整合，达到合作共赢、互惠互利、共同进步的目的，成为其他一切共建活动的龙头和牵引，为其他共建活动提供政治保障和思想指导，推动高校全面落实立德树人根本任务和发挥高校职能，提升基层党组织质量，从而实现新时代持续推动党的建设新的伟大工程取得突出成效，为建设中国特色社会主义伟大事业、实现中华民族伟大复兴的中国梦贡献源源不断的智慧和力量。

附录　新时代高校基层党支部共建案例

案例一　清华大学：【“对标争先”案例分享】共建助力支部建设　层次深度缺一不可

——航天航空学院航博 171 党支部

一、思路

航院航博 171 集体是由航院 2017 年入学的博士生组成的横向班级。班级同学在科研工作、学习生活等方面存在很强的多样性。为了更好吸引同学参与从而向党组织靠拢，提高党员在组织生活中的成长与收获，航院航博 171 党支部在建立之初就将“整合优质资源，开展党支部共建”作为丰富党建工作的重要抓手。

二、做法

航院航博 171 党支部在工作中严格按照“共建总体规划工作”、

“共建资源整理确认”和“共建开展与宣传总结”三个工作步骤，以“思想性强、内容充实、形式丰富”为目标开展了多层次有深度的共建工作。

1. 共建总体规划工作。支部首先针对党支部活动形式多样化的课题开展了调研，并且申请了关于党支部活动形式多样化的党建基金，研究确定了共建活动应服务于中心工作和思想引领的基本原则。支委内部在每次筹划共建活动前，提前学习上级党组织传达精神，明确和主题相契合的共建资源和平台资源。例如通过预先学习，了解到“四个正确认识”的提出针对高校学生思政工作，因此选择学生支部进行共建，并且借助博士生讲师团资源，开展宣讲。

2. 共建资源整理确认。支部广泛整合优质平台资源作为共建活动的内容基础，利用清华大学为基层党建工作提供的诸多便捷资源（博士生讲师团、全校在任党支书工作群资源分享、“研途工作室”等）寻求共建契机。支部坚持将“请进来”和“走出去”结合，根据实际情况，邀请其他支部单位党支部来清华参观和交流，或主动前往其他单位开展共建。例如和天津市第一百中学共建，对方支部师生人数较多，课业压力较大，因此支部主动前往开展讨论交流。

3. 共建开展与宣传总结。确定活动主题之后，至少提前一个月以上和共建支部进行沟通协调，确保活动场地、内容等方面保障和应急方案到位；提前确定活动记录人员；共建活动后尽快进行宣传推送整理，同时收集参与同学的活动感悟和对共建活动的意见建议。支部每次共建都有完整的活动记录和总结，并且在支委会中进行讨论，完善共建流程设计。

三、成效

1. 多层次共建活动丰富党建主题。支部目前已开展四层面支部共建：第一层面是校内共建，与生博175、医博172等党支部联合开展"四个正确认识"系列学习教育活动；第二层面是师生共建，与航院固体力学教工党支部开展联合党日活动，与国际处机关党支部就"不忘初心、牢记使命"主题教育开展交流探讨；第三层面是校际共建，与北大工学院、中科院力学所研究生党支部等共同开展理论学习和知识竞赛，参观秦汉唐文物展；第四层面是基层共建，联合天津市第一百中学开展红色"1+1"共建活动并签署了长期支部共建协议，举行多场座谈，开展航空航天知识科普讲座。多层次共建已成为航博171党支部的特色工作，深受集体同学欢迎。

2. 共建活动深入化常态化提升收获。通过建立完善的制度保证，支部开展的共建活动将内容深入化贯彻到每一次共建活动之中，"主题宣讲+讨论交流+党小组分享"的组织方法保证同学们的参与度和收获，党员同志在活动感受的反馈中表示每次共建活动收获颇丰。同时支部将部分共建常态化，开展系列活动，并结合申请党建基金课题，目前已完成和共建活动相关的党建基金2项，研究论文1篇。

四、启示

党支部共建活动是强化思想建设和理论学习的一个重要途径。共建活动的开展需要同时注重数量和质量，既要注重理论深度和内容广度，也要注重形式新颖性。需要考虑共建活动的资源获取以及维持问题、活动的思想性和理论性问题、共建支部双方的契合度问题等等。只有充分考虑每一个环节，才能形成共建促进思想引领，并进一步提升共建成效的良性循环。

（来源：清华大学新闻网 https：//www. tsinghua. edu. cn/info/1677/68965. htm）

案例二　清华大学：【“对标争先”案例分享】共建促成长　践行展情怀

——经管学院经博 **16** 党支部

一、思路

为更有效的服务同学，提升支部工作质量和效果，经管学院经博16党支部对同学们步入高年级后的学业生活展开广泛调研，调研结果表明，高年级博士生的日常生活从以课程为主转向以师门组会为主的学术研究，且精于纵向思考但拙于横向扩展、专于探索新知但囿于沟通表达、社交范围狭窄单一等成为同学中普遍存在的问题。支部对这一现象进行深入分析后，决定采用支部共建的形式直击痛点，帮助同学们拓展视野，补齐短板，把服务工作做到实处，使党员群众切实感受到党的工作的价值，激发使命感与责任感。

二、举措

针对现存问题，党支部积极开展“十”字型共建活动。不仅注重加强与校内各党支部的优势互补，更把服务实践拓展到校外。

1. 与全日制党支部共建，敢做除法，化整为零。为促进不同学科、不同年级同学间的思想碰撞，实现互学互助，支部联合经管学院经本第三党支部、经硕191党支部以及其他经博党支部多次开展主题共建活动。例如，与经本第三党支部针对疫情期间寿光蔬菜是否应该加价售卖等问题展开热烈讨论，将所学知识应用分析现实问题，极大的活跃了支部同学思维。

2. 与非全日制党支部共建，勇做加法，交流互鉴。经管非全日制支部具有丰富的工作经验和社会阅历，是位居企业要职的中坚力量。在交流过程中，其支部同志依托丰富的实务经验，结合当下金融市场的现存问题与改革方向，对理论知识的落地与应用加以诠释和注解。例如，针对注册制改革以及债券市场分割等热点问题，经博 16 党支部同学从学术理论出发，阐述了信息不对称视角下的可能应对方案，MCFO 项目党支部成员从业界市场角度进行政策解读，畅谈改革方案落地为金融行业带来的实际效果。

3. 与校外支部共建，巧做乘法，善用杠杆，重塑初心使命。支部联合清华大学玉泉医院机关党支部，以“不忘初心、牢记使命”为主题开展支部共建，双方基于成长经历，结合当下国际国内形式，阐述了对党的初心与使命的认知。开展爱国主义教育。邀请大安山中心小学和南窖中心小学的 41 位师生代表来到清华，共同开展了小学生六年级毕业课程——“我和我的祖国”主题教育实践活动；与育才小学通州分校以及长西社区开展主题共建，通过回顾革命历史，加深对爱国主义的理解。进行精准扶智。支部发挥专业优势，针对北京市西园村教育资源匮乏的困境，联合校博士生讲师团前往当地贫困小学进行了“一二·九”爱国主题宣讲，并捐赠设立图书角，帮助乡村里的孩子们树立积极的人生观；通过讲师团“清华校园史”、“理想信念与学习方法”及“如何读好一本书”三个主题宣讲为孩子们传递了希望的火苗。

三、成效

第一，促进理论学习，提高实践本领。与经管多个全日制党支部的讨论交流促进支部同学以小见大，将理论知识应用于分析社会问题；与非全日制党支部的共建活动加深了在校生对党的路线方针政策的理解，有助于支部党员同志更加思辨更加全面看问题，实现从学习、思考到应用的融会贯通。

第二，提升思想境界，注重反哺社会。通过多个主题的校外支部共建，不仅加强了学生党员与群众的联系，也增加了自身对党章党史的学习与领悟，培养家国情怀。通过讲好党的故事，实现自我教育，发挥每位党员的旗帜作用，使得党组织具有更广泛的影响力。

四、启示

党组织的工作就是做好“人”的工作。通过思想教育培养人，树牢理想信念，支部以同学所需所想为切入点，通过多种类型的共建活动，将主题教育润物无声地融入其中；通过实践活动检验人，理论结合实际，在牢牢把握党员的学习和教育工作之时，扎实推进党员联系服务群众工作，充分发挥党组织的战斗堡垒作用，在过程中不断淬炼党性。

（来源：清华大学新闻网 https：//www. tsinghua. edu. cn/info/1677/68967. htm）

案例三　武汉大学：【支部好案例】结对融合，师生共创育人新模式

——武汉大学经济与管理学院经济系党支部的实践探索

一、背景起因

教师党支部与学生党支部作为高校的党组织，既有相似性，又有差异性，新形势下教师党支部与学生党支部遇到的有关问题能引起广泛共鸣，教师党支部与学生党支部之间需要取长补短、互相学习、共同探讨、共同进步。服务学生，为了学生是高校的永恒目标。通过开展结对共建，双方党支部紧紧围绕学生最关心的问题，扎扎实实为学生办实事，服务好学生的成长成才。

二、主要做法

（一）加强组织建设，做好理论学习。

2016年10月13日，经济学系教师党支部多名老师指导并参加了经济学系本科生党支部成立大会，并开展了“不忘初心，重温誓词”和“双肩担重任，妙手抄党章”为主题的党日活动。

2016年以来，经济学系教师党支部联合经济学系本科生党支部先后邀请了我校马克思主义学院的张乾元教授、李华副教授、学院党委书

记徐业勤老师、法学院伍华军副教授、经济学系郭熙保教授为支部党员讲授《法治社会中的道德建设》、《长征精神与新的长征》、《学习贯彻全国高校思想政治工作会议精神》、《全面从严治党与制度治党、依规治党》和《深刻解读新阶段、新矛盾和新发展理念，认真学习贯彻十九大精神》等专题党课，通过一系列理论学习活动，带动支部党员认真学习党的基本理论知识，加深学生党员对党的形势、方针、政策的理解，提高党员素质，培养学生党员关心国家大事、与时俱进的意识。

（二）举行共建座谈会，解决学生困惑困难。

经济学系教师党支部多次组织与硕士研究生、本科生党支部的师生座谈会、恳谈会、毕业生“最后一课”及个别谈话，围绕学生关心的热点、难点问题展开热烈讨论，如针对学生在课程结束后普遍存在无目标、无方向感的困惑，根据同学们的不同职业规划，老师们分别提出了有针对性的意见。师生党支部结对共建活动本着“以共建促党建，以共建促了解，以共建促合作，以共建促发展”的原则，让教师了解并解决学生思想上和现实中的切实困难，为学生创建良好的学习环境，促进学生明白如何为人为学等。

（三）组织读书会，提升支部成员学术素养。

为了进一步推动学习型党支部的创建，2017 年 9 月教师党支部联合本科生党支部，开展了以“读经典·学济世”为主题的读书会，每月定期组织引导学生党员阅读《资本论》《国富论》和《就业、利息预货币通论》等经典著作，提高本科生对于经济学的理解，加强支部党员文化修养和专业素养。

（四）深入田间地头，教育引导学生学思践悟、知行合一。

2017 年6 月2 日，经济学系教师、本科生两个党支部部分党员利用赴荆州市部分乡镇农村进行农业供给侧结构性改革调研实践的空隙，在农村的田间地头，与来自荆州市的十余位基层农村党支部书记共同开展了一次特殊的支部组织生活，就农村基层党支部如何开展“三会一课”、如何践行“两学一做”和发挥党员先锋模范作用等问题与各位村党支部书记进行了热烈的讨论。农村基层党支部开展的党建带村建、基层信息联系点、党员一对一精准扶贫等形式多样的活动，让经济学系师生直观了解农村基层党支部的工作方式和农户发展状况，深刻体会到农村基层党组织在维护社会稳定、促进农村发展中发挥的重要作用。

三、实践成效

（一）探索了教师支部与学生支部共建新模式，拓展了党建工作开展思路。

经济学系教师党支部与本科生党支部及研究生党支部以结对共建活动为载体，摸索出了教师党支部与学生党支部建设的新途径，探索了党支部之间优势互补、资源共享、共同发展的党建新思路，促进了教师与学生的交流沟通和密切合作关系。

（二）促进了支部党建工作的进步。

学生党支部取得了多项可喜成果：经济学系学生党支部在第六届珞珈红色文化节之党支部风采大赛暨华中高校邀请赛中荣获一等奖；获评武汉大学先进学生党支部，成为武汉大学 2017 年获此殊荣的十个本科生支部之一；在武汉大学经济与管理学院 2017 年党支部风采大赛暨微党课大赛中取得第一名；支部书记邓明亮荣获武汉大学十大自强之星；2015 级科硕第二党支部获评武汉大学先进学生党支部，成为武汉大学 2017 年获此殊荣的十个研究生支部之一等。教师党员也通过结对共建积极转变育人观念、提升了教学科研水平：李雪松、苏小方、胡晶晶、罗知等多名老师获得经济与管理学院年度本科课堂教学评教十佳教师，胡晶晶老师获得 2016 年第八届武汉大学青年教师教学竞赛二等奖，李雪松老师获得 2016 年武汉大学本科优秀教学业绩奖，胡晶晶老师的微党课《传承井冈山精神 坚定理想信念》获得了学院党员“两学一做”微党课大赛第二名的好成绩。

（三）提高了经济学系学生的培养质量。

提高了经济学基地班学生的学习科研成绩与培养质量：2012 级经济学基地班学生先后在国内外知名学术期刊上发表论文近 20 篇，全班 37 人的班级中 25 人被世界名校录取，其中，7 人赴世界著名高校深造、18 人被国内 985 大学录取，另有 10 人被名企相中，被誉为今年武大最牛毕业班。

四、经验启示

（一）明确目标、把握内涵。

思想是行为的先导。支部在结对共建中，一定要明确共建目标。“师生结对、支部共建”，主要在于教工党支部与学生党支部按照事先共同的约定，结为互帮互建对象，并相互间联合开展有关教育管理活动，从而形成两者的工作互动和资源共享，不断促进两者共同提高。“师生结对、支部共建”一定要明确目标、把握内涵，形成紧密联系、有效沟通、相互促进的良好局面，促进教工支部党建与学生支部党建相互促进、共同提高。

（二）广泛参与、注重育人。

“师生结对、支部共建”，关键要动员支部所有党员共同参与，使结对共建工作形成合力，取得实效，产生长效和广效。育人是高校一切工作的出发点和落脚点，营造“全员育人、全方位育人、全过程育人”的氛围，通过“师生结对、支部共建”的开展，使得教工党支部的教学育人、科研育人、服务育人、环境育人等作用发挥得更加充分。

（三）取长补短、服务学生。

教师支部与学生支部都存在各自的优点与不足之处，通过师生支部联合共建，既能互相学习彼此在党建工作中的优秀方法，又能将学生的需要与呼声传达给教师，促进教师在教学科研工作中能更好的服务于学生的成长成才。

【案例点评】

习近平总书记强调，办好我们的高校必须坚持党的领导，以立德树人为根本。立德树人，学生是主体，教师是关键。如何围绕学生、关照学生、服务学生，如何提高学生的思想水平、政治觉悟、道德品质、文化素养，是我们高校基层党组织面临的重要任务。我院经济学系教师党支部为此革弊布新，探索出一条基层党建、师生共创育人的新思路。经济学系教师党支部与经济学系本科生及研究生党支部以结对共建活动为载体，通过理论学习、共建座谈会、组织读书会、深入田间地头等多种活动形式，帮助支部成员提升政治素养和学术素养，促进了教师与学生的沟通交流和共同进步，切实有效地解决了学生的实际困难，营造了"全程育人、全方位育人"的氛围。系列活动的开展，印证了教师党支部是先进思想文化的传播者、党执政的坚定支持者的思想，展现了新时代下我校教师与学生党支部良好的精神风貌，为全院乃至全校教师党支部起到了引领和示范作用。

点评人：经济与管理学院党委书记　杜晓成

（来源："武大经管"微信公众号 https：//mp. weixin. qq. com/s/hkB4OwRVcQfu101QhNIQqQ）

案例四　厦门大学：【支部好案例】内外联动形成党建合力　“走心”“走实”是行动关键

公共事务学院“上弦求是”学生中心党支部成立于2016年3月。这支队伍成立时间不算长，却在协同发力中，打造出一个个“拳头特色”项目——“上弦求是”党支书论坛、青马培训班、“学院—社区”合作共建工程……在校内，他们着眼自身党建与党员思想引领，积极发挥“中转枢纽”作用；在校外，他们进社区、抓实践，充分展现青年党员的先进示范作用。这个“支部好案例”，有诸多亮点值得学习借鉴。

纵横并行　中心党支部成纽带

“上弦求是”学生中心党支部的设立初衷是为了贯彻落实党中央、学校、学院党委的精神指示，推进全面从严治党和“两学一做”工作。发展至今，其切实发挥“战斗堡垒”的重要作用，已经成为学院党建与学生党员队伍管理的重要平台与纽带。

这个党支部特别在哪？

支部创新人员构成与组织模式，摸索总结出了一套“纵横并行”的特色运行机制。

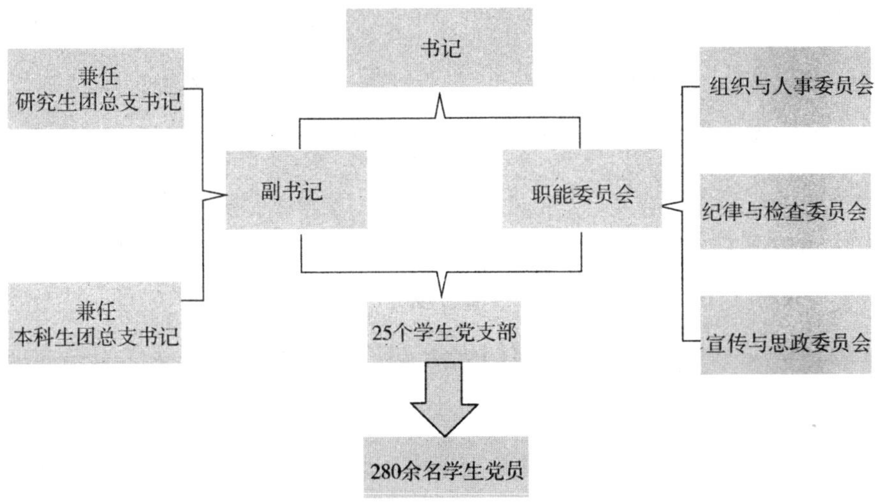

“纵向机制”——成员全部由公共事务学院各学生党支部书记组成，支部设书记一人、副书记两人、职能委员会三人，以此组成的支部委员会统一管辖着全院 25 个学生党支部和 280 余名学生党员。学生中心党支部书记、2017 级社会学与人口学硕士生党支部书记张钤介绍，这一方面保证了中心党支部队伍的高素质、高质量；另一方面也有利于凝聚全院学生党员力量，确保上级党组织的精神、指示快速传达到位。

“横向机制”——中心党支部从优秀学生书记中遴选人员所组成的组织委员会、纪检委员会、宣传委员会等专职机构。这些专职委员会在相互协作的同时各有专攻、各司其职，确保全院 25 个学生党支部能协同发力、高效运转。

此外，一个月一次的党支书例会，让支部规范化、制度化、体系化建设变得容易起来。《厦门大学公共事务学院学生党支部考核评分办法（草案）》《厦门大学公共事务学院学生党员考核评分办法（草案）》《公共事务学院学生中心党支部工作条例（草案）》等制度性建议都在这里诞生，形成了一套“中心党支部—学生党支部—学生党员”的三级监督管理机制。好的制度出台后，“咬耳扯袖”在学生党员中成为常态，全院学生党员队伍的风气也为之一变。“这里是交流支部建设经验、传播先进理论知识的舞台。精彩的支部活动策划方案从这里酝酿，优良的学生党建工作作风在这里传承。”学生中心党支部宣传委员、2017级公共管理硕士生二支部书记戴倚琳说。

好的机制体制，影响的不只是集体，还有个人。今年7月，“上弦求是”学生中心党支部获“厦门大学2017—2018学年党支部工作立项活动”优秀成果一等奖；2018年7月，党支部被授予“厦门大学先进基层党组织”称号；同年7月党支部书记张钤、党支部纪检委员黄锦坚两位同志获得“厦门大学优秀共产党员”荣誉称号。在专业学习方面，张钤、陈婉莉、胡月、黄元灿等多位同志因成绩优异于近四年内先后获得国家奖学金；黄锦坚等同志获得推免资格继续赴国内各大名校深造……支部成员、2018级公共管理硕士生第一党支部书记李一萱说：“这是我们的特色之一，支部建设的核心力量集中起来了，并且鼓励优秀党员发挥辐射作用，产生良好的学习与进取氛围。”

聚焦时代　党支书论坛成效显

“平时党建的落实与重要节点的创意活动开展的有机结合，让支部建设如虎添翼。”学生中心党支部副书记、本科生团总支书记兰浦城告诉笔者。

这其中，不得不提的便是支部建设的核心子项目——“党支书论坛”活动。

该论坛坚持“政治性、建设性、学术性和专业性”四大原则，基于马克思主义基本原理、毛泽东思想和中国特色社会主义理论体系，从政治学、公共管理、公共政策、社会学和社会工作等专业视角，对当前的形势与政策进行专业性解读，进而提出具备学术性和专业性的对策与建议，旨在给党政部门提供决策参考、打造厦大公院青年学生智库奠定基础。

2018 年，“党支书论坛”四场专题学习活动先后在学院成功开展，论坛主题将党建与专业融合，内容包括“改革开放”“马克思诞辰 200 周年”“学校第十一次党代会”等，形式也丰富多彩，既有视频观看，也有师生分享心得体会、师生互动问答等环节。2018 年 11 月 8 日举办的“重温改革梦，青年踏新程”的改革开放精神专题学习活动特地邀请了校关工委副主任颜章炮担任嘉宾。颜章炮在点评发言中肯定了学生代表提到的青年历史使命感和责任意识，还结合自己的亲身经历，以党和国家历史上标志性的会议为时间轴，从“衣食住行”等方面和大家分享了自己所感受到的巨大发展变化，最后寄语青年学子，要牢记历史使命，坚定理想信念并为之不懈奋斗。

聆听老党员讲改革开放故事、向老党员献花、重温入党誓词……在过往活动中，让兰浦城难忘的片段有许多。他说：“我深刻地感受到了中国共产党员的使命与担当。作为新时代的青年党员，我们一定要加强思想政治学习和专业能力学习，不断提升自身素养，向优秀共产党员学习，担起属于我们这一代的历史重任！”

支部成员、2018 级政治学硕士生党支部书记林清则评价：“论坛在定期、持续开展的基础上，结合当下时事热点、专业特色来开展活动。这些活动为学生党员所喜闻乐见，实现了‘党建带学术、学术促党建’的效果。”

活动凝聚人心，党建成效明显。如今，在学院，除了“党支书论坛”外，还延伸出数个支撑、拓展、转化子项目，助推活动形式创新、提升活动质量——“三位一体”的网络平台建设，生产形式新颖、寓教于乐的网络文化和学术交流产品，切实发挥党支部传递能量、凝聚人心的示范导向作用；成功举办2018年度社会调研报告大赛、公管案例大赛、公管论文征集等学术竞赛活动，邀请名家学者，充分激发学院学术创新能力……

走出校门　不忘初心砥砺行

“上弦求是”学生中心党支部还走出校门，积极联系校外组织机构，拓展校外学习平台，动员青年党员发挥自己的专业所学，通过志愿服务、公益服务、调研活动等方式，切实地为社区群众奉献自己的一分力量。

党支部同前埔北社区合作共建的互助平台就是一个很好的典型例子。

党员理论学习交流活动是其中重要模块，如今已开展多次。2018年11月，党支部邀请到了包括十九大代表陈建萍书记等在内的前埔北社区领导班子，以及前埔北社区的近百名党员同志走进厦大，同学院学生党员代表共聚一堂，开展了一场题为“感受红色情怀，追忆革命精神”的交流学习活动。

志愿公益与社会调研实践同样开展得有声有色——支部组织“青年学生社区行”公益活动，青年学生前往前埔北社区学雷锋、做好事；支部筛选党员成立了“上弦听你说”心理服务队以及“上弦帮帮团”志愿服务队，建立起了常态化的志愿服务机制；支部协助学院选派优秀学生赴前埔北社区挂职锻炼，与社区对接开展垃圾分类实施情况课题调研和暑期城市夏令营社会实践……

参与学生党员表示，通过该平台，他们建立起了周期性的联动学习机制，邀请到了中共十九大代表、优秀社区工作者代表、老党员代表等众多先进模范现身说法，极大提高了自身理想信念，还大大拓宽了视野与见识，收效颇丰。

“上弦求是”青马培训班是学生中心党支部打造的另一个亮点工程。该培训班学员由优秀党员代表和先进积极分子代表组成，坚持“实践与理论相结合”的培养原则。除了定期开展名师讲座、读书交流会等理论学习活动外，还在寒暑假派团赴上海、嘉兴、井冈山等红色基地亲身实践，以此来培养学生党员骨干力量。

在实践过程中，张铃仍清晰记着“有同学撑着一把小伞在暴雨中来回穿梭，帮助没有伞的同志到室内避雨”等这样微小的细节。他说：“支部同学在各种活动中奉献汗水，展现了他们不同的闪光点。这让我体会到，正是无数坚守在各自岗位上默默奉献的小齿轮汇聚出了巨大的力量，推动着我们的党和国家一点点地向前迈进。”

兰浦城则谈道：“学院学生党建工作‘走出去’，积极地拓展对外交流，让青年党员传承红色基因，亲身感受先辈们的奋斗事迹和责任担当。”

纵观学生中心党支部的发展成效，“加强学生党员的思政教育”“提升学生党员理论联系实践能力”“完善党支部活动体系”“培养大学生的奉献与担当意识”等关键语汇不断涌现。而对于党支部的青年同志们来说，在内外联动的支部党建中，“走心”“走实”是行动关键，他们定“不忘初心、牢记使命”，一路成长，一路收获。

（来源：厦门大学新闻网 https：//news. xmu. edu. cn/2019/0707/c1643a372837/page. htm）

案例五 厦门大学：【支部好案例】医者仁心：用爱共筑“健康中国梦”

人民健康是民族昌盛和国家富强的重要标志，党的十九大明确提出要全面深入实施“健康中国战略”，提高全民医疗卫生服务水平。作为一个仅有 8 名党员的“小”支部，医学院护理系教工党支部却心怀远大“健康中国梦”，充分发挥医护专业优势，积极联合医学院本科生低年级党支部，围绕健康管理持续开展支部立项，面向师生和社会弱势群体开展健康知识宣传普及、促进实践成果与教学科研双向转化、实现医学人文与党建育人有机结合。

组织健康知识培训，助力健康校园建设

“获取正确的急救知识非常关键，错误的急救方法反而会给伤者带来更大的伤害。”

“一定要紧紧抓住急救黄金四分钟。”

“……”

2018 年 3 月，一场别开生面的急救知识技能培训在翔安校区临床技能培训中心展开。医学院护理系教工党支部书记沈曲老师为校区师生及后勤集团人员共 70 余人带来了一堂生动而有意义的“急救知识普及课”。

培训课上，沈老师用生动形象、图文并茂的 PPT 演示讲解了日常生活中出现的出血、烫伤、扭伤、低血糖、中暑、溺水等突发状况的处理办法，并用人体模型现场演示了“胸外按压”“人工呼吸”的操作方法，指导参训学员逐一模拟操作，针对实践操作不规范的动作及时纠正和讲解，手把手进行辅导，使学员更直观有效地掌握急救技能。

后勤工作是学校教学科研的基础保障系统，常常参与处置各类突发情况。许多后勤工作人员纷纷表示：经过这次培训，不仅自身学习了急救的基本知识，弥补自救、互救知识的盲点和能力，还提升了帮助他人的责任感，为进一步加强校园安全、提高应急处置能力奠定了坚实的基础。

厦门大学幼儿园翔安校区分部是学校为解决教职工子女入园困难的重要举措，面对幼儿园教师和家长对提升幼儿养护能力的迫切需求，护理系教工党支部充分利用新媒体收集整理他们对于急救方面的疑问，有针对性地准备培训内容，重点就“幼儿心肺复苏”“幼儿气管异物”“幼儿意外受伤”“幼儿烫伤”“幼儿溺水”“幼儿触电”“如何正确拨打120急救电话”等突发状况的处理办法进行了讲解和演示；并附以讲解真实发生在身边的案例，使教师和家长深刻体会到生命的脆弱和提高危险防范意识的重要性，在遇到紧急情况时能迅速采取急救措施，将意外事故带来的伤害降到最低。

近年来学校高度重视医科建设发展，积极与地方开展附属医院建设，至今已有10所附属医院。为了加强与附属医院在人才培养、队伍建设、学科发展等方面的共建工作，医学院积极举办临床师资培训，将教学服务送进附属医院的课堂中。

2018年，护理系教工党支部分别在附属第一医院和附属中山医院举办了两场针对骨干教师的“O－PIRPAS翻转课堂教学模式”应用技能培训以及护理临床教师遴选暨教学研讨会，分享了如何充分利用网络平台如中国大学MOOC（慕课）、厦门大学THEOL网络教学综合平台等进行翻转课堂教学，并就课程教学中存在的问题及改进方法与在座的骨干教师进行了讨论，鼓励教师们将信息化与智能化融入教育教学中。

此外，党支部还在附属中山医院和附属第一医院为临床护理人员开办了包括“如何申报国家自然科学基金项目”“文献检索方法与技巧”“护理科研选题与论文写作”“如何撰写 SCI 论文”等内容的系列讲座，服务临床科研，受到附属医院护理人员广泛好评。

开展健康管理调查，实现成果双向转化

为了进一步发挥专业优势，深化立项模式，党支部采用“创新创业竞赛—科研训练—毕业论文”全方位科研训练体系，将立项活动与创新创业竞赛结合起来，优化资源配置，实现实践成果与教学科研双向转化。

目前我国已进入老龄化社会，厦门大学离退休教职工已达到 2000 多人，面对家庭养老、老年医疗服务日益增长的需求和挑战，党支部成员杨金秋老师指导低年级本科生支部成员开展了老年人生存质量和养老护理需求方向的调查，支部成员依托立项项目，走进我校离退休教职工及教职工家属中开展广泛调查，收集基础数据，并以本项调查成果作为基础材料，申报了大学生创新创业训练计划项目“不同层次老年人的生存质量和养老护理需求的调查研究”并获国家级立项，目前项目已完成对不同层次老年人生存质量和养老护理需求的调查研究，为国家制定养老政策提供决策依据，为各医疗和养老机构开展面向不同层次老年人护理服务提供相关数据支持。

党支部还带领学生走进莲花长寿村老人公寓开展以“最美不过夕阳红，‘医’心‘医’意送温暖”为主题的活动，学生党员与老人们深入交流，认真了解他们的养护需求，深刻体会人文关怀的重要性。

随着国家正式实施全面二孩政策，新生儿的出生率日益增长，儿童医疗护理服务形势越发严峻。儿科护士每日要接诊病患多、群体特殊，为了提高儿科护士对关怀的认知、给予病患儿童更多的关怀，党支部书记沈曲老师指导本科低年级党支部学生以儿科护士为研究对象，开展大学生创新创业训练计划项目“儿科护士关怀认知和关怀行为的相关性研究”获国家级立项，学生走进附属中山医院、附属第一医院和厦门市儿童医院展开调研，围绕提高儿科护士人文关怀素养进行深入研究。

据了解，2018 年，护理系教工党员共指导了 11 项大学生创新创业训练计划项目，其中 2 项获国家级立项、2 项获省级立项。

探索“互联网 + 党建”，提升党建育人实效

虽然护理系教工党支部是一个仅有 8 名党员的“小”支部，但支部书记沈曲老师却觉得小而灵巧正是这个支部的特色。党支部发挥能动性和灵活性，努力调动支部成员的积极性，充分利用网络信息化的便利，探索“互联网 + 党建”创新党课模式，让固定党日的政治理论学习“活”起来，使每个支部成员都能真学深学，入脑入心。

2018 年 12 月，沈曲老师就结合“雨课堂”主讲了一场生动的“守纪律、讲规矩，适应学校廉政建设管理新常态”的主题党课。上课前，支部成员通过扫描微信二维码进入主题党课“雨课堂”，将党课内容、知识要点和 PPT 等同步到手机上。课堂上，沈老师用圆规、直尺等打比方，告诫大家要找准立足点，有一颗坦荡无私、公正廉洁的心，在守纪律、讲规矩的前提下享受工作和生活。学员还可以通过“雨课堂”实时与主讲老师互动交流并进行在线测试，及时检验学习成果，深化教育成效。

中国自古是礼仪之邦，在日常教学工作中，学生对老师的第一印象是双方信赖沟通的开始。为了提升支部成员在教学过程中的形象管理，树立礼仪形象意识和职业影响力，党支部利用“雨课堂”特别开展了“做更好的自己”——职业形象规范主题党日活动，对支部成员进行职业形象规范和礼仪知识的培训。课堂上，支部成员通过学习交换名片、打电话、握手等社交礼仪和用餐、仪容仪表、站姿、坐姿、蹲姿等举止礼仪，对礼仪规范有了更深的认识和更精准的把握；并积极运用“弹幕”“不懂”等功能与主讲老师交流互动，活跃现场气氛。

“如此有吸引力的主题加上新鲜的形式产生了一加一大于二的效果，党课内容不仅有料，还有趣。”支部成员黄冉老师表示，身为护理系教工党支部的一员，自己切身感受到了小支部蕴藏的大能量，通过支部活动的组织参与不仅锻炼了能力，也丰富了知识储备，还极大增强了社会服务意识和集体荣誉感。

医学院护理系教工党支部自 2007 年成立之初，就始终坚持面向校内外做健康培训等服务工作，并在十多年的发展中逐步探索出“人才培养”“科学研究”“社会服务”三位一体的党支部立项模式。展望未来，沈曲老师毫不犹豫地说：“这个项目我们一定会坚持做下去。”

在刚刚过去的 4 月，党支部马不停蹄，又陆续开展了“大手拉小手”和“准爸妈训练营”两个全新项目，将目光聚焦在幼儿园小朋友的自我健康管理和准父母的新生儿护理培训上。7 月 4 日，党支部还专门为暑期社会实践队开设了急救知识专场讲座，为学生暑期实践工作顺利开展保驾护航。

“通过这些活动，我可以明显感觉到支部教师和学生的双向成长。”沈曲老师动容地说。在开展立项活动中，学生通过参与急救培训工作、开展社会调查、为弱势群体送温暖，进一步提高了专业技能，也在无形中受教育受感化。与此同时，支部立项以共建共创的方式，为师生间的深入交流搭建了平台，教师党员充分发挥引领和指导作用，以榜样的力量激发学生自主学习的热情，用行动的果敢鼓舞学生在实践中增长才干，用细致的服务培养学生的人文关怀意识，最终以“润物无声”的方式真正使师生党员在开展党支部立项活动中受教育、展作为、长才干、做贡献。

（来源：厦门大学新闻网 https：//news. xmu. edu. cn/2019/0719/c1552a373645/page. htm）

案例六　华中师范大学：【支部好案例】师生支部共建，促进多元发展

——教育学院党委教工第三支部共建案例

师生党支部结对共建，是加强高校师生党员联系的有效手段，是增强高校党支部活力的新途径。师生党支部结对共建，结合了教师的经验优势和学生的组织优势，有利于创新支部活动方式，进一步加强高校基层组织建设。

一、背景起因

（一）政策背景

根据《高校基层党建全面落实年活动方案》精神，为进一步发挥基层党支部战斗堡垒作用，推动广大教工党员深入基层、深入师生，共同做好大学生思想政治工作，服务学生成长成才。教育学院教工第三支部与本科生教育学－特殊教育支部实行师生党支部共建，加强师生党员联系，创新党支部活动，增强支部活力。

（二）社会背景

自开办特殊教育专业以来，受社会的大环境影响，人们对残疾人和特殊教育事业抱有偏见，对该专业的学生也造成了诸多困扰，例如：学生专业思想薄弱、专业技能不足、专业实践不够等。基于此，支部共建

以“关爱弱势群体”为出发点，以政策学、管理学、高等教育学、经济学等多学科角度引领特殊教育学生支部的专业思想、开拓学生的学科视野，带领学生深入盲聋等特殊教育学校和偏远山区学校，用行动彰显扎根中国大地办教育的魅力。

二、主要做法

师生支部共建主要以“思想引领、专业提升、精准帮扶、实践拓展”为主线，以基地建设、阅读活动、谈心谈话、学术研讨、时事问题为抓手，将党建贯彻到专业发展、学术科研中。

（一）思想引领

新时代孕育新思想，新思想引领新青年。在构建师生党员共同体的进程中，要坚持立德树人，强化思想引领。

1. 领导带头讲党课，教工赋能渐增长

通过领导干部上党课和支部专题学习，加强理论素养，提升党员责任和意识。教育学院院长、党委副书记雷万鹏教授为支部成员讲党课，领学“党的十九大报告”、宣扬教师教育的使命担当、加强师德师风建设标杆、反思教育与生活的关系；支部书记雷江华教授为支部讲党课“初心如磐，使命在肩：党员教师的初心与使命”等。

2. 师生谈心与谈话，真情交流敞心扉

为提升学生的思想意识，及时掌握学生的思想动态、学习需求等一手信息，三支部所有教师以班主任和专业教师身份积极与学生心谈心、话家常。一是开放固定办公室工作日，接待学生来访；二是建立微信、QQ 等信息沟通机制，随时答疑解惑；三是对个别思想不稳定、情绪波动较大、成绩明显下降、有恋情异常或家庭变化等突发事件的学生进行重点关注。针对学生采取个性化教育教学方法，给予学生引导和帮助，促进学生成长成才，凝聚支部团结协力。

（二）求真务实

结合专业特色，以优势学科资源为核心推力，将理论与实践相结合。紧跟时代脉络，开展实践育人活动，不断提升党支部的服务能力。

1. 实践基地商共建，带领学生促发展

以构建党内活动一体化机制为依托，实现活动共建与实践创新。2019 年，三支部和学生支部共建三个党员实践基地，建立长效对接机制，帮助他们规划学校建设思路，学生党员与党建学校手拉手、心连心，在联系中增温暖、促感情。

2. 联合学生支部抗疫，彰显时代风采

党的使命和性质，决定了共产党员在关键时刻必须冲锋在前。在此次抗疫活动中，三支部涌现了一大批积极下沉社区、积极抗疫的党员同志，充分发挥基层党组织的战斗堡垒作用和党员的先锋模范作用，如雷万鹏、彭兴蓬、欧阳光华、唐斌等。同时，抗疫也深入课堂、深入专业，带领学生积极走向抗疫“战场”。党建带团建，支部成员指导特殊教育 1904 团支部在线上为医务人员子女提供免费辅导、在线下成为当地政府抗疫一份子，做宣传、测体温、站岗执勤等，获得当地政府好评，并获校级“优秀抗疫团支部”。

（三）教学相长

师生党支部结对共建，互学互帮、取长补短，共同提高师生支部建设的活力，增强师生党支部的先进性。

1. 师生阅读常态化，浓浓书香润心田

通过支部活动的融合与创新，不断完善活动机制，实现共建常态化，建立长效机制。为激励学生保持阅读习惯，学院和分党委常年开办“博导论坛”“读书会”等活动，支部成员积极参与，一是引领学生开展读书分享会，覆盖学生支部所有成员；二是精准帮扶少部分学生形成良好阅读习惯，并积极分享阅读心得；三是鼓励形成阅读小组，以合作学习方式开展阅读活动，在阅读中互帮互助，形成友谊。

2. 学术研讨日常化，科研精神代代传

在支部共建活动中，教师党员主要发挥“传帮带”作用，通过“师－生”结对，明确了应尽职责和义务，亮明了党员身份，带头实践党的教育方针和政策。为促进学生领会科研乐趣、提升科研水平，三支部所有特殊教育专业教师对接了学生党支部，鼓励学生参与教师的课题，指导学生选题立项开展科研活动，积极申报挑战杯等项目，带领学生深入实践调研和实验，培养学生严谨的科研态度、刻苦钻研的科研精神。

三、实际成效

（一）回归教育初心，牢记师者使命

教育者回归教育情怀，贴近学生生活，唤起青年朝气与时代责任。师生共建后，教工三支部发生了很大的转变。一是身份认识上，从传统的“接受型”和“自我改变型”身份逐渐向“积极行动者”进行转变。教师不仅要自我习得，还要承担对口学生支部的榜样和指导，在帮扶与互动中，教工支部也获益颇多。

（二）树立榜样引领，勇担青春责任

学生党员受益颇多，在指路人的引导下，更有归宿感、参与感、使命感和责任感。无论是实践活动，还是科学研究，教师从讲台上走到生活中，引领着学生的思想，促使他们善于思考、协同合作。在基地建设中，困难群体的帮扶深深触动了学生党员。他们积极投入其中，给边远农村小学生讲故事、送礼物、谈理想，与盲生、聋生交朋友，产生了浓厚的问题意识，促使他们查阅资料、找老师交流，在论文撰写、课题立项等方面积累了鲜活素材，并培养了学生服务于特殊群体的使命感和责任心。他们积极深入盲聋校课堂听课，学习手语和盲文，为残疾孩子做志愿服务，用爱心和责任心共同架构起特殊群体的关爱。

（三）突出专业特色，奉献服务社会

师生党员共同体建设的社会效益颇大，体现了新一代教育人的精神。在对口支援学校组建了学生足球队，加强体育教育；规范国学课堂，感受国学魅力；教工支部和学生支部捐赠图书，建立了开放式图书角。此外，也促进了教育学院学生实习实践及就业工作等。

四、经验启示

（一）以学生为中心

师生支部共建，始终需要以学生为中心，准确把握学生需求，帮助学生规范支部建设，拓展学生支部实践基地，深化研究领域，培养学生研究兴趣，搭建平台，提高学生参与感和幸福感。

（二）待学生以真心

在师生共建中，始终以真心培养学生，以真情感化学生，充分发挥教师党员的示范作用，不断提高学生党员的党性修养和理论知识学习。作为党员教师，要始终牢记立德树人，学生事务无小事，要真诚对待，更需要兼顾学生的差异性，做学生的贴心人和引路人。

（三）引学生树初心

在师生支部共建中，教师的引导与帮扶将会深刻影响学生的变化。学生党员利用教师党员的各种优势资源，提高自身的学习水平、思想素质和政治觉悟，激发自身内在动机，形成主动沟通品质，清晰学涯发展规划。通过结对共建，学生党员提高了自身综合素质，对自己、对他人、对社会真诚投入、主动作为，在青年学生中发挥引领作用和带头作用。

（来源：中国共产党华中师范大学第十二次代表大会专题网站 http：//zt. ccnu. edu. cn/info/1044/1660. htm）

案例七　集美大学：【支部好案例】师生共建 协同育人

——集美大学信息工程学院党支部工作案例

一、背景起因

随着我国经济社会和高等教育的快速发展，如何创新大学生党建工作，推动大学生思想政治教育取得实效，是学院党组织始终高度关注和积极思考的一个问题。信息工程学院党委针对学生党支部活动内容与专业结合度不高、支部活动形式不够丰富、师生联系度不够紧密等问题，积极创新党建工作模式，开展教工党支部与学生党支部共建活动，实现教工支部与学生支部双向互动、优势互补、协同育人。

二、主要做法

1. 以支部共建为契机，将“辅导员—导师”协同育人机制引入党建工作。2014 年信息工程学院建立“辅导员—导师”协同育人机制。该机制在本科生中实行，由政治辅导员负责大学生日常教育管理工作，由专业课教师担任学业导师，1 位专业教师联系 10 名左右学生，突出对学生专业学习、科研实践、创新意识培养等方面给予指导，推进协同育人。

为增强党支部工作活力，学院将该机制引入党建工作。开展教工党支部和学生支部共建活动，由辅导员兼任学生党支部书记统筹支部建设，以问题为导向，对接教工党支部，由教工党员作为导师从不同层面对学生党员进行指导。2015 年学院召开教工党支部与学生党支部共建大会，由教工第一党支部对接学生第一党支部，教工第二党支部对接学生第二党支部、通信 1211 班党支部，对接双方签署共建协议，明确共建目标、意义及双方职责，就支部建设、专业指导、科技服务、教学教改等方面展开合作。以推进支部建设为目标，以支部活动为载体，拓宽辅导员、教工党员、学生党员三者互动渠道，推动党建工作取得实效。

2. 以“科技创新活动月”等校园文化活动为抓手，凸显共建合力。学院将每年 5 月定为科技创新活动月，在此期间举办科技创新大赛，涵盖电子设计大赛、智能车竞技大赛等。教工党员积极参与，提供专业培训、科研指导；学生党员以赛促学，提升科研、创新能力与综合素质。2015 年学院首届科技创新大赛共吸引 156 支学生组队报名参赛，学生参与面达 62%；2016 年学院第二届科技创新大赛共有近 200 支学生组队参赛，学生参与面达 80%。通过师生党员的共同努力，学院科技创新系列活动使党支部活力迸发，支部党员的先锋作用充分发挥，共建合力凸显，双向促进作用明显，进一步提升了学院科创工作水平。

3. 以“导师面对面·教授手把手”科学传授活动为平台，增强支部凝聚力。教工党员举办系列科技文化论坛讲座，面向支部所在的学生班级，普及科技文化前沿知识，培养学生科学兴趣和探索精神。学生党员广泛参与学院教工党员的科研团队或创业团队，有的甚至成为骨干力量。在各类学生科研、创新、创业竞赛中，由教工党员指导，学生党员为主的队伍多次获奖，先后有 37 人次获得国家级和省级科技竞赛奖项。

4. 以“双师协同”开展教育活动为契机，增强支部影响力。辅导员和导师立足不同层面，对学生进行教育引导。支部联合开展了“导师请你喝咖啡”活动，了解学生在成长过程中的困惑，为学生答疑解惑。支部积极创新共建形式，利用QQ、微博、微信等网络新媒体，建立信息交流平台，加强师生党员之间的沟通交流。推广“集大信息党员服务平台”微信订阅号，实现党的知识普及教育和“党员服务110”等功能，提高支部凝聚力和影响力。

5. 以编写“专业学习树”为纽带，提高支部战斗力。“专业学习树”是各专业从大一到大四主修课程的树状图。支部以导师、辅导员、学生党员为主，融合教工党员多年的授课经验、辅导员的管理经验、学生党员的学习体会，共同编写专业指导手册，发至全院学生，指导各学生更好地了解本专业、学习专业知识，有效解决学生在专业学习过程中“学什么”“怎么学”“为什么学”这三大疑惑，从而提高学习主动性，促进教学相长，提高支部整体战斗力。

三、成效和启示

党支部共建以来，师生互动和交流逐渐增多，有力推进了教风、学风建设；教师科研和学生创业创新的合力进一步增强，取得了较为丰硕的成果；师生党员积极发挥先锋模范带头作用，涌现出一批教书育人和励志成才的先进个人，支部的战斗堡垒作用得到了进一步发挥。辅导员林芳获评福建省高校优秀党务工作者，教师陈彭获评校优秀共产党员，多名学生党员获国家奖学金，近两年学生共有88人次参加国家级和省级大学生创新创业训练计划；入党积极分子吴少威于2016年8月捐献造血干细胞，成为厦门市第55例造血干细胞捐献者，受到社会广泛关注。

将“辅导员—导师”协同育人机制，通过支部共建方式引入党建工作，着力于发挥党员作用，促进学生支部和教工支部间的交流互动和资源共享，增进了辅导员和学生导师两支队伍的联系互动；多维度培育和挖掘党支部活力，提高了党支部工作水平和党员培养质量；以党建工作引领学生思想政治工作，有力提升了高校党建工作的针对性和实效性。

（来源：集美大学“两学一做”专题网站 http：//lxyz. jmu. edu. cn/info/1041/1087. htm)

案例八 福建中医药大学：【支部好案例】师生共建，发挥党支部战斗堡垒作用

——人文与管理学院学生第一党支部

一、背景起因

培养中国特色社会主义事业合格建设者和可靠接班人是高校党建工作的根本任务。党的十八大以来，以习近平同志为核心的党中央把党员教育管理作为党的建设一项基础性经常性工作来部署推进，从严从实教育管理党员。高校学生支部成员主要是“90后”大学生，他们充满干劲，富有活力和激情，但思想观念尚未完全成熟，加强教育和引导非常关键，必须把党员教育管理放在更加突出的位置。如何创新大学生党建工作，推动大学生思想政治教育取得实效，充分发挥学生党员的先锋模范和带头作用，使大学生党支部成为带动学生班级团结进步和开展思想政治教育的坚强堡垒，是学校始终高度关注和积极思考的一个问题。针对党员理论学习不足、支部活动形式不够丰富、师生联系不够紧密等问题，人文与管理学院积极创新党建工作模式，开展师生共建活动，实现师生双向活动、优势互补、协同育人。

二、主要做法

1. 加强组织建设、做好理论学习

为增强党支部的工作活力，开展师生共建活动。我支部由两名辅导

员分别担任支部书记和支部副书记，以问题为导向，从不同层面做好组织建设，对学生党员进行指导，以推进支部建设为目标，以支部活动为载体，拓宽辅导员、教工党员、学生党员三者互动渠道，推进党建工作取得实效。党支部通过制度来规范理论学习，做到合理安排，统筹规划，始终坚持年有计划、季有安排。通过集中学习和自主分散学习的方式，就当下热点时政问题并结合习近平新时代中国特色社会主义思想进行讨论，形成会议记录；通过召开专题学习交流会如“不忘初心，牢记使命”主题交流会，针对支部存在问题，加强思想学习，做到向党中央看齐，坚定个人理想理念；支部书记进行“两学一做”学习教育，师生党员同“学”、“共”、“进”，通过 QQ、微信、空间等平台进行互动交流与自主学习，及时推送学习内容，开设评论区，加强舆论引导，营造良好氛围。

2. 创新活动形式，激发党员活力

为增强党组织的活力，经常向党员干部征求支部活动的意见建议，积极创新活动形式，增强党员们的带动性和自主性，将思想教育、理论学习、服务社会融入新颖多样的活动中，如开展志愿活动、清明祭奠英烈、读书会学习，专题讨论、观看教育节目如《榜样》、《古田军号》等等。每一个支部活动教工党员都会进行指导、参与和评价，进一步提高学生党员对主题活动的充分认识和增强与老师们的互动联系。通过师生党员的共同努力，支部活力迸发，共建合力凸显。

3. 党员模范带头，发挥榜样作用

学生党员作为学生群体中的重要标杆。学生党员的先进性建设一方面体现在党员自身先进性的锤炼，另一方面体现在榜样作用的发挥。通过开展“党员带你上大学”传帮带活动、“防范电信诈骗—管院党员在行动”等一系列活动，通过“一对一”或“一对多”的结对，深入到新生宿舍和各年级学生班级，建立党员与学生之间的交流平台，及时了解学生困惑，提供经验交流、学习规划、创新创业各个方面的帮助。让学生党员、入党积极分子从群众中来、到群众中去、密切联系群众，在帮助他人、服务社会的同时接受教育，锤炼党性。

三、实际成效

1. 提高了支部的战斗力

师生共建的方式探索了党支部之间优势互补、资源共享、共同发展的党建新思路，促进了教师与学生的交流沟通和密切合作关系。其次通过系列活动的开展，改变了过去单一、传统的支部活动方式，创新并丰富了大学生党员的支部生活，有力地推动党组织的活动创新，学生党员个人能力得到发挥获得成长，在活动实践中有力地提升基层党组织的凝聚力和战斗力。

2. 强化了理想信念教育

通过制度规范学习，支部成员对于党的路线、方针、政策有了较为深入的认识，对党的理论尤其是习近平新时代中国特色社会主义思想有了更为明确的认识，并能够运用他们武装头脑，指导实践。能够规范自我言行，加强自我约束，自觉向教工党员看齐，在支部内营造了较好的学习氛围。

四、经验启示

1. 理论学习贵在坚持，重在交流

党员理论学习要想取得明显的作用和效果，关靠一场讲座、一次学习是远远不够的，必须将学习常态化。同时要尤其重视学习之后的相互交流、思想碰撞，唯有这样才能自我修正，才能对学习的内容有更全面的认知和更深刻的理解。

2. 完善师生共建，创新教育管理工作

支部在开展学习或活动的过程中，一定要创造条件加强师生的互动联系，让学生党员亲自感受到党组织的关心引导是随时随地的在身边。要积极探索党员的教育管理工作，引导党员坚定共产主义共同理想，提高素质，认真履行义务，正确行使权利，充分发挥先锋模范作用。

（来源：“微管院”微信公众号 https：//mp. weixin. qq. com/s/Yw6ubVTxcwprUvTbPmaVLA）

案例九 桂林电子科技大学：数字媒体系师生共建党支部工作案例

根据《中共桂林电子科技大学艺术与设计学院委员会关于2017年全院理论学习安排的意见》（艺设党〔2017〕1号）、《艺术与设计学院关于在“两学一做”学习教育中开展“争当八桂先锋，争做合格党员”行动的实施方案》（艺设党〔2017〕2号）和《艺术与设计学院关于推进“两学一做”学习教育常态化制度化的实施方案》（艺设党〔2017〕4号）等相关文件要求，数字媒体系师生开展党支部共建后，结合文件要求并紧紧围绕学院中心工作，激活内动力，构建以“党建进工作室”为核心的全方面育人模式。“模式”实施后，各项活动收效颇丰，现将活动详细情况一一汇报。

“党建进工作室”的全方面育人模式是指以数字媒体专业“工作室”为依托，在完成数字媒体系师生党支部结对共建的基础上，打通师生党支部在日常教育教学中的沟通渠道，以党建促教学，以教学促党建，结合“两学一做”等文件要求并紧紧围绕学院中心工作开展活动。在理论上将德育与智育相融合，在人员上使教工与学工相合作，在过程上让第一课堂与第二课堂形成优势互补，从而实现理论创新的全员全过程的全方面育人模式。

一、“党建进工作室”之教书育人

数字媒体系师生党支部利用日常教育教学开展线上线下学习活动。

1. 教书育人之线上线下德育为先

党的建设要积极占领网络新阵地，创建网络思想政治教育新局面。为此，数字媒体系师生党支部发动“工作室”师生，运用学院“桂电创意先锋”微信公众号，结合数媒与动画的专业优势开设了“两学一做”学习教育专栏，方便学院师生在线学习理论知识。

在线下，党支部“三会一课”紧紧围绕学院中心工作开展，以党建促教学、以教学促党建。在“工作室”内结合“争做师德师风模范”教师党员示范课开展“一课”活动，将“两学一做”学习教育常态化制度化做真做实。

2. 教书育人之协同智育

构建教工与学工的协同育人机制。“工作室”教学改革旨在“以练促学”，即以学科竞赛和项目为实践平台，在实践中促进教师的教育教学水平，在练习中促进学生专业能力的成长。而“党建进工作室”的意义在于解决专业教师队伍在政策导向和管理服务等方面存在的薄弱问题，由数字媒体系师生党支部试点构建教工与学工、党务与教学协同育人机制，发挥多方合力促进学生全面发展。

自实施“党建进工作室”以来，数字媒体系师生党支部有效地解决了党建与教学相分离的问题，在理论与实践上形成优势互补。实现了线上党建理论学习和线下学科项目实践练习的实时互动。双向提升理论知识和学科实践水平，全面激发了师生构建“党建进工作室”全方面育人模式的热情。

二、“党建进工作室”之立德树人

坚持立德树人，做好师生引路人。根据学院“双争”行动的要求，数字媒体系师生党支部带领“工作室”师生结合暑期学生家访、大学生暑期社会实践等学生工作，将第一课堂与第二课堂相结合，建立“工作室”党团志愿服务队，推进党建助贫攻坚工作，争当八桂先锋，争做合格党员。

1. 困难学生家访行动

数字媒体系师生党支部注重从“工作室”内部的实际需求来培养师生的艰苦奋斗和奉献意识。在“工作室”中了解并掌握困难学生家庭情况，确定家访对象。在家访行动中，详细记录家访过程，完成家访报告，让“工作室”师生在工作中深刻的体会国家精准扶贫政策的伟大与艰辛，也进一步树立了师生艰苦奋斗的精神和帮助困难家庭的奉献意识。

2. 大学生暑期社会实践的“三个行动”

数字媒体系师生党支部为大力弘扬中国优秀传统文化中尊老爱幼的精神，决定结合大学生暑期社会实践，将“工作室”第一课堂的教育教学成果与第二课堂的志愿服务活动相结合，在实践中使党建与教学再一次的互相促进并深度融合，开展“立德树人”的志愿服务活动。开展关怀“空巢老人”、希望小学支教和美化校园三类志愿行动。“三个行动”均以“工作室”师生党员为核心分别组建了师生党团志愿服务队，且由教工党员指导学生党员带领团队开展行动。三个服务队分别以桂林市社会福利院、大风山小学和桂林电子科技大学作为志愿服务的地点，给“空巢老人”带去美观的艺术作品美化生活和抚慰心灵，并带领小学生们走进美术课堂以及在桂林电子科技大学校园内开展以“社会主义核心价值观”为主题的多彩井盖绘画活动，带领师生立德为公，为打造幸福新社会和幸福新学校树立模范标杆。

第一课堂中的党建引领教学成果的价值内涵，而第二课堂在党建活动中检验教学成果。在数字媒体系“工作室”师生党员的带领下，艺术与设计学院多个党支部参照这种全过程的育人模式，参与到志愿服务行动中来，在学院范围内掀起了以“立德树人”为核心的模范思潮。此外，美化校园志愿行动还登上学校校园网进行宣传，活动获得了广大师生的认可和肯定。

三、“党建进工作室”之文化育人

数字媒体系师生党支部结合自身专业优势利用新媒体、新平台和新方式来积极参与学院宣传工作。以“党建进工作室”为平台、师生支部共建为保障，营造文化氛围，鼓励党员教师带领“工作室”学生以“讴歌党、讴歌祖国、讴歌人民、讴歌英雄”为主题积极参加第四届广西大学生网络文化节。在参赛过程中，“工作室”党员教师将党建文化与设计要点相结合，为设计注入精神内核，为党建文化添加艺术表现形式，让学生在创作过程中深切的体会党建文化，在学习党建文化的过程中提升设计理念和思路。在此期间，共指导学生完成艺术创作 118 件。经学院党委研究，决定推荐报送动画短片、单幅插画和公益广告等 5 个类别，共计 12 件优质作品参加文化节的评选。最终，经由学校推荐、全区网络投票和专家评选等环节，《“两学一做”红色头像》等 8 件作品脱颖而出，代表广西参加全国第二届大学生网络文化节的评比。值得一提的是，这 12 件作品在网络投票中共斩获 9349 票，获得了可喜的宣传效果，达到了营造良好文化氛围的目的，反馈于“工作室”的日常教育教学，形成良性循环的育人模式。

四、工作案例总结

通过上述“党建进工作室”系列活动的开展，数字媒体系师生党支部实现了党建与学院教学中心工作和学生中心工作的结合、理论与实践的结合，打通了教工与学工、教师与学生的沟通合作限制，以党建促教学，以教学促党建，形成协同育人机制和文化育人氛围。进而反馈到日常的党建和教育教学中来，并使之常态化制度化。在第一课堂的教学内容中贯穿思想政治教育，在第二课堂的活动中体现教育教学成果。最终多方位贯通，形成“党建进工作室”的全方面育人模式。

（来源：桂林电子科技大学艺术与设计学院网站 http：//www. gliet. edu. cn/design/info/1267/1165. htm）

案例十 福建师范大学福清分校：【支部好案例】凝聚青春正能量，携手共建新农村

——文法学院学生党支部的共建实践

一、活动背景

《国家中长期教育改革和发展规划纲要（2010—2020 年）》指出，“高校要牢固树立主动为社会发展服务的意识，全方位开展服务，充分发挥智囊团、思想库作用。”福建师范大学福清分校是福清地方唯一一所本科院校，近年来，学校主动对接福清地方经济社会发展，出台了《服务地方十大行动计划》。校文法学院学生第一党支部积极响应学校号召，发挥专业优势，主动作为，充分发挥党支部的战斗堡垒作用，与福清市上迳镇党委携手共建，送文化下乡、送法下乡，积极宣传新农村建设新成果，既增长、拓展了党员知识面，提高了党员的专业能力，加强了支部建设，又展示了学校的良好形象，服务了地方，起到了同频共振的良好作用，赢得了社会和群众的广泛赞誉。

二、主要做法

文法学院学生第一党支部主要由法学、广播电视新闻学以及汉语言文学专业组成，在党总支的组织带领下，支部以服务新农村建设为主线，主要做法是：

第一，提供法律援助服务。组织支部法学专业的师生党员深入农村一线，参观基层司法所运作，开展法学知识讲座和主题现场法律咨询服务。支部教师党员结合实际案例，专门为上迳镇各村书记、村主任以及司法调解员举办了专场法律知识讲座，深入浅出地进行了普法宣传。同时，紧紧扣住“普法宣传、服务群众”这一主线，配合镇政府的相关工作人员，在上迳镇人口流动量最大的菜市场附近，开展了为期三天的送法进农村活动，支部师生党员耐心解答民众关于民间借贷、农民工工资拖欠等法律问题，免费发放法律知识宣传手册，提供代写法律文书、解释司法案例等专业法律服务，积极化解社会矛盾。活动吸引了许多当地村民的关注，也受到了福清市侨乡报和福清电视台的关注，普法效果十分显著。

第二，提供新农村建设宣传服务。在上迳镇党委工作人员的引导下，党支部组织广播电视学和广播电视编导专业的学生实地走访上迳镇各个村落，收集视频素材、进行录像纪实。经过多天的拍摄，支部充分挖掘新农村建设的成果，真实记录了乡村生活的民风民俗，后期开展上迳镇社会主义新农村建设成果摄影和微视频制作，为上迳镇新农村建设成果进行文化宣传。

第三，提供文献资料整理服务。组织支部汉语言文学专业的学生党员，前往上迳镇司法所协助工作人员处理公文资料和相关党建材料。支部组织同学利用所学的专业知识，发挥在校参与党建文字材料整理归档的经验，帮助司法所完成了党建材料整理的初步工作，也从中学习到了基层政府机关撰写文案的固定格式、语法要求、篇幅大小，借鉴了他们在党建工作中的好方法，好经验。

三、工作成效

第一，提高了支部战斗力。通过系列活动的开展，改变了过去单一、传统的支部活动方式，创新并丰富了大学生党员的支部生活，有力地推动基层党组织的活动创新，党支部学生党员的专业特长得到发挥，专业技能得到了锻炼，在活动实践中有力地提升了基层党组织的凝聚力和战斗力。

第二，强化了理想信念教育。支部组织学生深入新农村建设一线，深入群众中去，参观并亲身参与政府基层部门运作情况，实地感受新农村建设取得的各项实实在在的成果，用活生生的例子开展了一次“现场教学”，强化了理想信念教育，进一步帮助师生坚定了“三个自信”。

第三，取得了多方共赢的局面。通过党支部与上迳党委的共建活动，搭建一个服务内容多元、资源有效整合的服务平台。学院总支与上迳镇人民政府举行共建合作签约仪式，签订了共建合作发展计划协议。送法下乡等普法活动，引导群众关注法治、参与法治，提高全民的法治意识和法律水平，也进一步提升基层干部依法行政水平与法律服务工作能力，为法治上迳建设添砖加瓦，获得上迳镇居民和党政领导的一致好评，也吸引了福清市侨乡报和福清市电视台的关注，活动的社会效益显著。

四、经验与启示

本次活动紧紧围绕“服务地方”这一主线，支部结合实际情况，根据专业侧重点，充分发挥专业优势和特长，通过提供送法下乡、宣传新农村建设、整理文献资料等服务形式，在服务新农村建设的同时锻炼了党员队伍，加强了支部建设，增强了支部的凝聚力、号召力、战斗力，取得了多赢的局面。

本次案例给予我们一定的启示，那就是，今后要充分发挥党员的先锋模范作用和支部的战斗堡垒作用，必须加强载体建设，要紧紧扣住时代主题，始终围绕中心抓党建，充分发挥高校服务地方、服务群众的作用，只有俯下身子，深入一线和基层，倾听群众意见，想群众之所想、急群众之所急，在奉献中锻炼党员宗旨意识和党性修养，在服务中践行入党誓词，才能真正把全心全意为人民服务落到实处，无愧“共产党员”这一光荣称号，真正做到展示党员形象，为党旗增辉。

（来源：福建师范大学福清分校网站 http：//lxyz. fjnufq. edu. cn/info/1022/1194. htm）